全 世 界 无 产 者 ， 联 合 起 来 ！

恩 格 斯

德国的革命和反革命

中共中央 马克思 恩格斯 著作编译局编译
列 宁 斯大林

人民出版社

编 辑 说 明

　　马克思、恩格斯和列宁的著作是马克思主义的理论原典,是学习、研究、宣传和普及马克思主义的基础文献。为了适应马克思主义中国化、时代化、大众化不断推进的形势,满足广大读者多层次的需求,我们总结了迄今为止的编译经验,考察了国内外出版的有关读物,吸收了理论界提出的宝贵建议,精选马克思、恩格斯和列宁的重要著述,编成《马列主义经典作家文库》。

　　文库辑录的文献分为三个系列:一是著作单行本,收录经典作家撰写的独立成书的重要著作;二是专题选编本,收录经典作家集中论述有关问题的短篇著作和论著节选;三是要论摘编本,辑录经典作家对有关专题的论述,按逻辑结构进行编排。

　　文库编辑工作遵循面向实践、贴近群众的原则,力求在时代特色、学术质量、编排设计方面体现新的水准。

　　本系列是《马列主义经典作家文库》的著作单行本,主要收录马克思、恩格斯和列宁的基本著作以及在各个历史时期的代表性著作，同时收入马克思、恩格斯和列宁在不同时期为这些著作撰写的序言、导言或跋。有些重点著作还增设附录，收入对理解和研究经典著作正文有重要参考价值的文献和史料。列入著作单行本系列的文献一般都是全文刊行，只有马克思恩格斯的《德意志意识形态》、马克思的经济学手稿以及列宁的《哲学笔记》等篇幅较大的著作采用节选形式。

著作单行本系列所收的文献均采用马克思、恩格斯和列宁著作最新版本的译文，以确保经典著作译文的统一性和准确性。自1995年起，由我局编译的《马克思恩格斯全集》第二版陆续问世，迄今已出版24卷；从2004年起，我们又先后编译并出版了《马克思恩格斯文集》和《马克思恩格斯选集》第三版。著作单行本系列收录的马克思恩格斯著作采用了上述最新版本的译文，对未收入上述版本的马克思恩格斯著作的译文，我们按照最新版本的编译标准进行了审核和修订；列宁著作则采用由我局编译的《列宁全集》第二版、第二版增订版和《列宁选集》第三版修订版译文。

著作单行本系列采用统一的编辑体例。每本书正文前面均刊有《编者引言》，简要地综述相关著作的时代背景、理论观点和历史地位，帮助读者理解原著、把握要义；同时概括地介绍相关著作写作和流传情况以及中文译本的编译出版情况，供读者参考。正文后面均附有注释和人名索引，以便于读者查考和检索。

著作单行本系列的技术规格沿用《马克思恩格斯全集》第二版和《列宁全集》第二版的相关规定。在马克思、恩格斯、列宁著作的目录和正文中，凡标有星花 * 的标题都是编者加的；引文中的尖括号〈 〉内的文字和标点符号是马克思、恩格斯、列宁加的；未注明"编者注"的脚注,是马克思、恩格斯、列宁的原注;人名索引的条目按汉语拼音字母顺序排列。在马克思恩格斯著作中,引文里加圈点处是马克思、恩格斯加着重号的地方,目录和正文中方括号〔 〕内的文字是编者加的。在列宁著作中,凡注明"俄文版编者注"的脚注都是指《列宁全集》俄文第五版编者加的注,人名索引中的条头括号内用黑体字排印的是相关人物的真实姓名,未加黑体的则是笔名、别名、曾用名或绰号。此外,列宁著作标题下括号内的日期是编者加的;编者加的日期,公历和俄历并用时,俄历在前,公历在后。

中共中央 马克思 恩格斯 著作编译局
列 宁 斯大林
2014 年 6 月

目　　录

插　图

编　者　引　言

　　《德国的革命和反革命》是恩格斯总结德国1848—1849年革命经验,阐述无产阶级革命斗争理论的重要著作。

　　1848—1849年,欧洲爆发了资产阶级民主革命。1848年初意大利民众反抗封建统治的起义揭开了革命的序幕,法国二月革命推动革命浪潮迅速席卷欧洲。1848年3月,维也纳和柏林相继爆发了武装起义,革命烈火燃遍德国各地。德国革命的主要任务是推翻封建专制制度,建立统一的资产阶级立宪制国家。领导这场革命的是资产阶级,但在革命进程中始终站在斗争前列、发挥主力军作用的却是工人阶级。随着革命的深入,德国资产阶级对工人阶级的崛起越来越感到恐惧,从犹豫退缩到动摇妥协,直至彻底背叛革命,同反动势力相勾结,镇压革命的工人、农民和城市小资产者,使轰轰烈烈的革命在德国各邦相继遭到失败。

　　马克思和恩格斯始终密切关注这场革命的进程。他们亲身参加德国革命,认真研究欧洲各国的革命形势,在他们共同创办的

《新莱茵报》上发表文章,运用《共产党宣言》阐明的科学理论和革命策略原则指导工人阶级的斗争实践。革命失败后,他们撰写了一系列著作,科学地分析 1848—1849 年革命的原因、性质和动力,全面总结革命的经验教训,进一步丰富和发展了自己的科学理论。《德国的革命和反革命》就是其中的主要著作之一。

在这部著作中,恩格斯运用唯物史观分析了德国革命的起因、性质、过程和失败的原因,指出社会经济基础对历史发展进程起着决定性的作用,"任何地方发生革命动荡,其背后必然有某种社会要求,而腐朽的制度阻碍这种要求得到满足";革命爆发和失败的原因"不应该从一些领袖的偶然的动机、优点、缺点、错误或变节中寻找,而应该从每个经历了动荡的国家的总的社会状况和生活条件中寻找"(见本书第 4 页)。据此,恩格斯具体分析了德国的社会阶级结构以及各阶级在革命中的态度和作用,阐明了无产阶级在资产阶级民主革命中的斗争策略。他指出,封建统治阶级是革命的对象;自由资产阶级在三月革命后掌握了政权,但它害怕和敌视无产阶级,唯恐自己的统治被声势浩大的人民革命所推翻,因而最终背叛了革命;小资产阶级由于其摇摆性在关键时刻动摇妥协,不敢依靠武装群众的支持,痴迷于议会的作用;农民阶级"由于分散于广大地区,难以达到大多数人的意见一致,所以他们永远不能胜利地从事独立的运动"(见本书第 11 页);只有工人阶级才是最坚定最彻底的革命力量,"代表整个民族的真正的和被正确理解的利益"(见本书第 106 页)。虽然德国工人阶级当时的觉悟程度和组织程度还不够高,还不能领导资产阶级民主革命,但是,正是这个阶级的社会经济地位和英勇斗争精神,决定了它必将在未来的革命中发挥领导作用。在资产阶级民主革命中,为了推翻封建势力，资产阶级需要暂时同工人阶级联合行动；但是，他们只是想利用工人群众，一旦达到了目的，或者革命的发展威胁到自己的地位，他们就会反过头来镇压和迫害工人阶级。因此，工人阶级绝不能跟在资产阶级后面亦步亦趋，而应当在联合其他阶级的同时保持自己的独立性，"不让任何以它为垫脚石的阶级（像资产阶级1848年所干的那样）巩固其阶级统治"（见本书第105—106页）。

恩格斯充分肯定革命对社会发展和历史进步所起的巨大推动作用，他根据马克思关于革命是"历史的火车头"的思想，深刻地阐明了这场革命的意义，指出："正是旧的复杂的社会机体中阶级对抗的这种迅速而剧烈的发展，使革命成为社会进步和政治进步的强大推动力；正是新的党派的这种不断的迅速成长，一个接替一个掌握政权，使一个民族在这种剧烈的动荡时期5年就走完在普通环境下100年还走不完的途程。"（见本书第36页）恩格斯还从革命经验中概括了工人阶级举行武装起义的基本条件和策略原则，指出武装起义是一种艺术，必须遵守一定的规则；不要把起义当儿戏，事前必须有充分准备，要集中强大的优势力量对付敌人；起义一旦开始，就必须以最大的决心行动起来并采取进攻，要按照"勇敢，勇敢，再勇敢！"（见本书第103页）的要求去行动。

恩格斯阐明了马克思主义关于解决民族问题的基本观点。他抨击了奥地利和普鲁士的民族压迫政策，揭露了资产阶级在1848年革命中对民族解放斗争的背叛，强调无产阶级应当支持被压迫民族的解放运动。他同时还批判了"泛斯拉夫主义"，指出这种理论起着帮助俄罗斯帝国推行侵略扩张政策的作用。

《德国的革命和反革命》由恩格斯于1851年8月—1852年9

月写的 19 篇文章组成。1851 年 7 月底,《纽约每日论坛报》编辑查·德纳约请马克思为该报撰稿。当时马克思正潜心从事政治经济学研究,加上对英语的掌握尚不熟练,因此请恩格斯帮助撰写稿件。恩格斯在写这些文章时利用了《新莱茵报》合订本以及马克思提供的其他资料,文章在寄出前都经马克思看过。恩格斯本来还打算写一篇结束语,但未能写成。

这些文章从 1851 年 10 月 25 日—1852 年 10 月 23 日陆续发表在《纽约每日论坛报》的"德国"专栏,标题是《革命和反革命》,署名是卡尔·马克思,直到 1913 年马克思和恩格斯的来往书信发表后,人们才知道作者是恩格斯。

在马克思和恩格斯生前,这组文章没有出版过单行本,开头几篇文章曾被译成德文在美国的德文报纸《纽约晚报》以及柏林的《德意志总汇报》上转载。

1896 年,马克思的女儿爱·马克思-艾威林编辑出版了这组文章的第一个英文单行本,并给每篇文章加了标题,书名是《革命和反革命或 1848 年的德国》。同年还出版了卡·考茨基翻译的德文本,书名是《德国的革命和反革命》。这两个版本均收录了恩格斯 1852 年 11 月写的《最近的科隆案件》(见《马克思恩格斯全集》中文第 2 版第 11 卷),作为恩格斯原打算写的结束语。在后来编辑出版的马克思恩格斯著作的全集本中,没有将《最近的科隆案件》收入《德国的革命和反革命》。1900 年,马克思的女儿劳·拉法格将此书译成法文出版。

本书选用《德国的革命和反革命》作为总标题,并保留了爱·马克思-艾威林为 19 篇文章所加的标题。

《德国的革命和反革命》在中国的译介和传播迄今已有 80 多

年的历史。1930年,上海新生命书局出版了刘镜园的中译本,书名是《革命与反革命》;1939年延安解放社又出版了王石巍、柯柏年等翻译的中译本,这个译本曾由新华书店和人民出版社等多次再版。

中央编译局成立后,对《德国的革命和反革命》进行了多次译校。1961年,在柯柏年的译本的基础上,我们根据俄文版并且参照英文版,重新校订了这部著作,编入《马克思恩格斯全集》中文第1版第8卷。1995年,我们又根据《马克思恩格斯全集》历史考证版第1部分第11卷重新校订了这部著作,编入《马克思恩格斯全集》中文第2版第11卷。

从2004年起,在中央组织实施的马克思主义理论研究和建设工程中,我们对这部著作的译文和资料再次进行了审核和修订,编入2009年出版的十卷本《马克思恩格斯文集》第2卷。此后,这部著作又收入2012年出版的《马克思恩格斯选集》第3版第1卷。

本书的正文选自《马克思恩格斯选集》第3版第1卷;注释和人名索引采用了《马克思恩格斯文集》和《马克思恩格斯选集》的相关资料,并根据《马克思恩格斯全集》历史考证版作了修订。

弗·恩格斯

*德国的革命和反革命

［一 革命前夕的德国］

欧洲大陆上的革命剧的第一幕已经闭幕了。1848年大风暴以前的"过去的当权者",又成为"现在的当权者"了,而那些多少受人欢迎的短期掌权者,如临时执政者、三头执政、独裁者以及追随他们的议员、民政委员、军事委员、地方长官、法官、将军、军官、士兵等等,都被抛到异国,"赶到海外",赶到英国或美国去了。他们在那里组织起新的"有名无实的"①政府、欧洲委员会、中央委员会、国民委员会,以堂哉皇哉的文告宣布它们的成立,那些文告的庄严堂皇,并不亚于真正当权者的文告。

很难想象还有什么失败比大陆的革命党派(更确切地说是各革命党派)在全战线各个据点所遭受的失败更为惨重。但这有什么关系呢?为了争取社会的和政治的统治,英国资产阶级不是经过了48年②,而法国资产阶级不是经过了40年③空前的斗争吗?资产阶级不正是在复辟了的君主制以为自己的地位比任何时候都

---

① "有名无实的"原文为"in partibus infidelium",直译为"在异教国家中"。天主教主教被任命为异教国家的纯粹有名无实的主教时,头衔上附加这种字样。转义为:在流亡中,在外国,有名无实。——编者注
② 指1640—1688年的英国。——编者注
③ 指1789—1830年的法国。——编者注

巩固的时刻才最接近自己的胜利的吗？把革命的发生归咎于少数煽动者的恶意那种迷信的时代，早已过去了。现在每个人都知道，任何地方发生革命动荡，其背后必然有某种社会要求，而腐朽的制度阻碍这种要求得到满足。这种要求也许还未被人强烈地、普遍地感觉到，因此还不能保证立即获得成功；但是，任何人企图用暴力来压制这种要求，那只能使它越来越强烈，直到它把自己的枷锁打碎。所以，如果我们被打败了，那么我们除了从头干起之外再无别的办法。值得庆幸的是，在运动的第一幕闭幕之后和第二幕开幕之前，有一次大约很短暂的休息，使我们有时间来做一件很紧要的工作：研究这次革命必然爆发而又必然失败的原因。这些原因不应该从一些领袖的偶然的动机、优点、缺点、错误或变节中寻找，而应该从每个经历了动荡的国家的总的社会状况和生活条件中寻找。1848年2月和3月突然爆发的运动，不是个别人活动的结果，而是民族的要求和需要的自发的不可遏止的表现，每个国家的各个阶级对这种要求和需要的认识程度虽然各不相同，但都已清楚地感觉到。这已经是一件公认的事实。而每当问及反革命成功的原因时，却到处听到一种现成的回答：因为这个先生或那个公民"出卖了"人民。从具体情况来看，这种回答也许正确，也许错误，但在任何情况下，它都不能说明任何问题。甚至不能说明，"人民"怎么会让别人出卖自己。而且，如果一个政党的全部本钱只是知道某某公民不可靠这一件事，那么它的前途就太可悲了。

此外，研究和揭示革命动荡及其被镇压下去的原因，从历史的观点来看，具有极重要的意义。所有这些琐碎的个人争论和互相责备，所有这些互相矛盾的论断，说把革命之舟驶向暗礁以致使它

Christian streets, they were fined if not more severely punished. It was under such foul oppressions, however, that the fortunes of his house took their rise and began to flourish. At the entrance of this street is still the bureau, the council-room of their imperial firm, where they receive tributes from the principalities and powers of the world. A poor devil of a Christian clerk sits there alone on Saturdays, to deal out small sums to travelers and others on letters of credit, etc.

Jews settled in Frankfort under some imperfect, dearly-paid protection of the German Emperor as early as the twelfth century. In 1240 their wretched habitations were set fire to by religious fanatics, called Flagellants. In 1462 they built in the present Judengasse, or New-Egypt, as it is sometimes named. Fire came upon the Jews yet again in 1711. I roughly translate a brief account of the last conflagration, as illustrative of the spirit of that time: "Meanwhile, all the houses were burned up stock and branch, and indeed in such wise that not a single one of so many houses, nay, not so much as a stick of wood of an arm's length remained, which is surely marvellous. It was remarkable, also, that when one side of the street was burned down, the wind turned about as though it had finished there the business on which it was sent, and would now carry it on further; so that by this the other and greater part of the street was seized on by the fire and laid in ashes. The fire broke out almost in the middle of the street, in the house of the Rabbi Nephthali, their most famous Doctor. It is related for a certain truth, that when their Rabbi, who was besides a good Cabalist, and had kindled his scholars the Cabala, and had kindled for experiment a great heap of wood in his house, he became confused in his incantation, and in place of conjuring the water-spirit to extinguish the fire kindled by him, called up the fire-spirits. Wherefore it was altogether in vain to try to save the smallest Jewish building. This is also to be considered in this conflagration, that of the many Christian houses near by, not a single one was consumed." Seeing on one side this account, written about one hundred years, and the persecutions and oppressions under which the Jews existed until the close of the last century, and seeing on the other side the friendly terms on which Jews and Catholics and Protestants now live and work together here, one would say the world had made progress. To me, however, it is to be made. Some additional measure of justice was dealt out to the Jews in the Revolution of 1848, but they are not yet admitted to a full political equality with the Christian citizens of Frankfort. Just at this time the question of revising the constitution of the city is much discussed, and some propose, as one of the alterations, the admissibility of Jews to the Senate. With the present reactionary spirit of the German powers, it would seem, however, a dangerous time to at-

tigning. Local events of the day, or some goose-to-seed item of foreign news, are the favorite topics of a low-toned conversation, freely punctuated with long whiffs of tobacco-smoke from the mouths of the interlocutors. As for helping out their rhetoric by any gesticulation or rising from their seats to command more attention, such French vivacity is never indulged in. The services of one hand are engaged to hold the pipe, while the other attends to the glass, and the rest of the body, once seated, never leaves its moorings till bedtime. These gentlemen must have had periods in their lives of greater mental activity than they indicate at these meetings, which are very possibly, to their habit, only an anodyne taken after the agitation of the day's business, as a preparation for full repose. They answer a questioning stranger intelligently and politely. May they sleep well with quiet consciences and good digestions. They retire mostly before 10½ o'clock. The Frankforters generally are early to bed. Think of my coming home from Don Pasquale at the theater last night, at a little after 9 o'clock!

C. R. B.

GERMANY.

XV.

REVOLUTION AND COUNTER-REVOLUTION.

We now come to the last chapter in the history of the German Revolution; the conduct of the National Assembly with the Governments of the different States, especially of Prussia; the insurrection of Southern and Western Germany, and its final overthrow by Prussia.

We have already seen the Frankfort National Assembly at work. We have seen it kicked at by Austria, insulted by Prussia, disobeyed by the lesser States, duped by its own impotent Central "Government," which again was the dupe of all and every prince in the country. But at last things began to look threatening for this weak, vacillating, insipid legislative body. It was forced to come to the conclusion that "the sublime idea of German Unity was threatened in its realization," which meant neither more nor less than that the Frankfort Assembly, and all it had done and was about to do, were very likely to end in smoke. Thus it set to work in good earnest in order to bring forth as soon as possible its grand production, the "Imperial Constitution."

There was, however, one difficulty. What Executive Government was there to be? An Executive Council? No; that would have been, they thought in their wisdom, making Germany a Republic. A "President"? That would come to the same. Thus they must revive the old imperial dignity. But—as of course a prince was to be Emperor—who should it be? Certainly none of the Dii minorum gentium, from Reuss-Schleitz-Greitz-Lobenstein-Ebersdorf up to Bavaria; neither Austria nor Prussia would have borne that.

a disorder which penetrates its unfortunate victims with the solemn conviction that the whole world, its history and future, are governed and determined by a majority of votes in that particular representative body which has the honor to count them among its members, and that all and everything going on outside the walls of their house—wars, revolutions, railway-constructing, colonizing of whole new continents, California gold discoveries, Central American canals, Russian armies, and whatever else may have some little claim to influence upon the destinies of mankind—is nothing compared to the incommensurable events hinging upon the important question, whatever it may be, just at that moment occupying the attention of their honorable House. Thus it was the Democratic party of the Assembly, by effectually smuggling a few of their nostrums into the "Imperial Constitution," first became bound to support it, although in every essential point it flatly contradicted their own oft-proclaimed principles; and at last, when this mongrel work was abandoned and bequeathed to them by its main authors, accepted the inheritance, and held out for this monarchical Constitution even in opposition to everybody who then proclaimed their own republican principles.

But it must be confessed that in this the contradiction was merely apparent. The indeterminate, self-contradictory, immature character of the Imperial Constitution was the very image of the immature, confused, conflicting political ideas of these democratic gentlemen. And if their own sayings and writings—as far as they could write—were not sufficient proof of this, their actions would furnish such proof; for among sensible people it is a matter of course to judge of a man not by his professions but by his actions; not by what he pretends to be, but by what he does and what he really is; and the deeds of these heroes of German Democracy speak loud enough for themselves, as we shall learn by and by. However, the Imperial Constitution with all its appendages and paraphernalia was definitively passed, and on the 28th of March the King of Prussia was, by 290 votes against 248 who abstained and some 200 who were absent, elected Emperor of Germany, minus Austria. The historical irony was complete. The imperial farce executed in the streets of astonished Berlin, three days after the Revolution of March 18, 1848, by Frederick William IV, which a state which elsewhere would come under the Maine Liquor Law—this disgusting farce, just one year afterward, had been sanctioned by the deluded Representative Assembly of all Germany. That, then, was the result of the German Revolution!

KARL MARX.

London, July, 1852.

载有《德国的革命和反革命》的
《纽约每日论坛报》

触礁沉没的是马拉斯特,或者是赖德律-洛兰,或者是路易·勃朗,或者是临时政府的其他成员,或者是他们全体——这一切对于从远处来观察这种种运动、因而不了解事件的详情细节的美国人或英国人来说有什么意义呢,这能说明什么问题呢? 任何一个头脑正常的人都永远不会相信,多半都是庸才、既不能为大善也不能作大恶的 11 个人①能在三个月之内毁坏一个有 3 600 万人口的民族,除非这 3 600 万人和这 11 个人一样缺乏辨认方向的能力。问题正在于,这 3 600 万在一定程度上还在昏暗中摸索的人,怎么突然应当自己决定走什么道路,后来他们又怎么迷了路,而让他们从前的领袖暂时回到了领导地位。

因此,如果我们要向《论坛报》**1** 的读者说明 1848 年德国革命必然发生以及它必然在 1849 年和 1850 年暂时遭到镇压的原因,那么我们无须叙述德国发生这些事件的全部历史。将来的事变和后代的评论会判定,在这一大堆杂乱的、看似偶然的、互不连贯而又矛盾的事实中,哪一部分将构成世界历史的组成部分。解决这一任务的时候尚未到来。我们现在只限于在可能的范围内加以论述,如果我们能根据确凿的事实找出合理的原因来说明那个运动的主要事件和根本性的转折,使我们能够认清也许在不远的将来就会出现的下一次爆发将指示给德国人民的方向,那么我们也就满足了。

那么,首先,革命爆发时德国处于怎样一种状况呢?

在德国,作为一切政治组织的基础的人民,其各个阶级的构成比任何别的国家都更为复杂。在英国和法国,集中在大城市,特别

---

① 即 1848 年 2 月 24 日成立的法国临时政府的成员。——编者注

是集中在首都的强大而富裕的资产阶级,已经完全消灭了封建制度,或者至少像在英国那样,已经使它沦为一些没有多大意义的形式,而德国的封建贵族却仍然保留着很大一部分旧日的特权。封建土地所有制差不多到处都还居于统治地位。封建领主甚至还保留着对租佃者的审判权。他们虽然被剥夺了政治上的特权——对各邦君主的控制权,但他们几乎原封不动地保持着对他们领地上的农民的那种中世纪的统治权以及不纳税的权利。封建制度在有些地区比在另一些地区更为盛行,但是除了莱茵河左岸,它在任何地方都没有完全被消灭。[2] 这种封建贵族当时人数很多,一部分也很富裕,被公认为国内的第一"等级"。他们充任政府的高级官吏,军队里的军官也差不多全是他们。

当时德国的**资产阶级**远没有英国或法国的资产阶级那样富裕和集中。德国的旧式工业因蒸汽的采用和英国工业优势的迅速扩张而被摧毁了。在拿破仑的大陆体系[3]之下开始出现的、在国内其他地方建立的现代化的工业,既不足以补偿旧式工业的损失,也不能保证工业有足够强大的影响,以迫使那些对于非贵族的财富和势力的任何一点增强都心怀忌妒的各邦政府考虑现代工业的要求。法国在50年的革命和战争中成功地经营了自己的丝纺织业,而德国在这个时期却几乎完全丧失了自己的旧式的麻纺织业。此外,德国的工业区少而分散;它们深处内陆,主要是利用外国的——荷兰或比利时的——港口进行进出口贸易,所以它们与北海和波罗的海沿岸各大商港很少有或毫无共同的利益;而最重要的是,它们不能建立像巴黎和里昂、伦敦和曼彻斯特那样巨大的工商业中心。造成德国工业的这种落后状态的原因很多,但是只要举出两个就足以说明问题:国家的地理位置不利,距离已经成为世界贸易要道的大西洋太远;从16世纪到现在,德国不断卷入战争,而这些战争又都是在它的国土上进行的。英国**资产阶级**自1688年即已享有政治统治权,法国资产阶级自1789年也已夺到了这种统治权,但德国的资产阶级由于人数少,尤其是由于非常不集中,没有能够获得这种权力。可是,自从1815年以来,德国资产阶级的财富不断增加,而且随着财富的增加,它在政治上的重要性也不断增长。各邦政府虽不愿意,却也不得不至少考虑一下它的直接的物质利益。我们甚至可以直截了当地指出,各小邦宪法中给予资产阶级的每一点政治势力,在1815—1830年和1832—1840年这两个政治反动时期虽然都再度被剥夺了,但资产阶级却得到了更实际的利益作为补偿。资产阶级每次政治上的失败,都带来贸易立法方面的胜利。当然,1818年普鲁士的保护关税条例以及**关税同盟**的建立[4],对于德国商人和工业家来说,要比在某一小公国的议会中拥有对嘲弄他们的表决权的大臣们表示不信任的那种不大可靠的权利重要得多。这样,随着财富的增多和贸易的扩展,**资产阶级**很快就达到了这样一个阶段:它发现自己最重要的利益的发展受到本国政治制度的约束,国家被36个意图和癖好互相矛盾的君主所任意分割,封建压迫束缚着农业和与之相联系的商业,愚昧而专横的官僚统治对资产阶级的一切事务都严加监视。同时,**关税同盟**的扩大与巩固,蒸汽在交通方面的普遍采用,国内贸易中日益加剧的竞争,使各邦各省的商业阶级互相接近,使它们的利益一致起来,力量集中起来了。这一情况的自然结果就是:它们全都转到自由主义反对派的营垒中去了,德国资产阶级争取政治权力的第一次严重斗争获得了胜利。这个变化可以说是从1840年,即从普鲁士的**资产阶级**领导德国资产阶级运动的时候开始的。我们以后还要谈到1840—1847年的这个自由主义反对派的运动①。

国民的大部分既不是贵族,也不是资产阶级,而是城市里的小手工业者小商人阶级和工人,以及农村中的农民。

在德国,由于大资本家和大工业家作为一个阶级尚不发达,小手工业者小商人阶级人数非常之多。在较大的城市中,它几乎占居民的大多数;在较小的城市中,由于没有更富裕的竞争对手同它争夺势力,它完全居于支配地位。这个阶级在所有现代国家和现代革命中,都居于极重要的地位,而在德国则尤其重要,在最近德国的各次斗争中,它常常起着决定性的作用。它的地位是介于较大的资本家(商人和工业家)即名副其实的资产阶级与无产阶级或产业工人阶级之间,这种地位就决定了它的特性。它力图爬上资产阶级的地位,但命运中的一点点不顺利就把这个阶级中的某些人抛到无产阶级的队伍中去。在君主制和封建制的国家里,这个阶级的生存要仰赖于宫廷和贵族的惠顾,失去这些主顾,这个阶级的大部分就会破产。在较小的城市里,驻军、地方政府、法院以及它们的属员,通常便是这个阶级繁荣的基础,没有这些,小店主、裁缝、鞋匠、木匠等就无法生存。因此,这个阶级永远摇摆在两者之间:既希望跻身于较富有的阶级的行列,又惧怕堕入无产者甚至乞丐的境地;既希望参与对公共事务的领导以增进自己的利益,又唯恐不合时宜的对抗行为会触怒主宰着他们的生存的政府,因为政府有权力使他们失掉最好的主顾;他们拥有的财产很少,而财产的稳固程度是与财产的数额成正比的,因此,这一阶级的观点是极端动摇的。它在强有力的封建制或君主制政府面前卑躬屈膝,百

---

① 见本书第13—22页。——编者注

依百顺,但当资产阶级得势的时候,它就转到自由主义方面来;一旦资产阶级获得了统治权,它就陷入强烈的民主主义狂热,但当低于它的那个阶级——无产阶级企图展开独立的运动时,它马上就变得意气消沉,忧虑重重。我们以后将会看到,在德国,这个阶级如何在这种种不同的状态中变来变去。

德国工人阶级在社会和政治方面的发展比英国和法国的工人阶级落后,正像德国资产阶级比英国和法国的资产阶级落后一样。主人是什么样,仆人也是什么样。人数众多、强大、集中而有觉悟的无产阶级的生存条件的演变,是与人数众多、富裕、集中而强有力的资产阶级的生存条件的发展同时进行的。在资产阶级的各个部分,尤其是其中最进步的部分即大工业家还没有获得政权并按照他们的需要改造国家以前,工人阶级运动本身就永远不会是独立的,永远不会具有纯粹无产阶级的性质。而在这以后,企业主与雇佣工人之间不可避免的冲突就会变得刻不容缓而再也不可能推迟;那时,工人阶级再也不可能被虚幻的希望和永不兑现的诺言所欺骗了;那时,19 世纪的重大问题——消灭无产阶级的问题,就终于会十分明朗地毫无保留地提出来了。现在,德国工人阶级中的多数人并不是受雇于现代的工业巨头(大不列颠的工业巨头是最好的标本),而是受雇于小手工业者,他们的全部生产方法,只是中世纪的遗迹。就像棉纺织业大王与鞋匠或裁缝这些小业主之间有很大的差别一样,繁华的现代工业中心的十分觉悟的工厂工人也根本不同于小城市里的温顺的裁缝帮工或细木工,后者的生活环境和工作方法,与 500 年前没有多大差别。这种普遍缺乏现代生活条件、缺乏现代工业生产方法的情况,自然伴随着差不多同样普遍缺乏现代思想的现象;因此,在革命刚爆发时,工人阶级中的大部分人要求立即恢复行会和中世纪的享有特权的手工业公会，那是毫不奇怪的。然而，在现代生产方法占优势的工业区域的影响之下，由于交往便利，由于许多工人迁徙不定的生活使他们的智力有了发展，于是便形成了一个强有力的核心，这个核心关于本阶级解放的思想更加明确得多，而且更加符合现存的事实和历史的需要；但这些工人只是少数。如果说资产阶级的积极运动可以从1840年算起，那么工人阶级的积极运动则开始于1844年西里西亚和波希米亚的工人起义⁵。我们在下面很快就有机会来考察这一运动所经过的各个阶段。

最后，还有一个广大的小农业主阶级，农民阶级。这个阶级加上附属于它的农业工人，占全国人口的大多数。但这个阶级本身又分为不同的部分。第一是富裕的农民，在德国叫做**大农**和**中农**，这些人都拥有面积不等的大片农田，都雇用若干个农业工人。对这个处于不纳捐税的大封建地主与小农和农业工人之间的阶级来说，最自然的政治方针当然就是同城市中反封建的资产阶级结成联盟。第二是小自由农，他们在莱茵地区占据优势，因为这里的封建制度已经在法国大革命的有力打击之下垮台了。在其他省份的某些地区也有这种独立的小自由农存在，在这些地方，他们赎买了从前加在他们土地上的封建义务。可是这个阶级只是名义上的自由农阶级，他们的财产大都在极苛刻的条件之下抵押出去，以致真正的土地所有者并不是农民，而是放债的高利贷者。第三是封建佃农，他们不能轻易被赶出所租的土地，但他们必须永远向地主交租，或永远为地主服一定的劳役。最后是农业工人，在许多大农场中，他们的状况和英国的这个阶级的状况完全一样，他们由生到死都处在贫穷饥饿之中，做他们雇主的奴隶。农村居民中后面这三

个阶级——小自由农、封建佃农和农业工人，在革命以前是从来不
怎么关心政治的，但这次革命显然已经为他们开辟了一个充满光
辉灿烂的前景的新天地。革命对他们中的每个人都有利，因此可
以预料，一旦运动全面展开，他们就会一个跟着一个参加进来。但
同时有一点也同样是十分明显的，而且为各个现代国家的历史所
证实，即农村居民由于分散于广大地区，难以达到大多数人的意见
一致，所以他们永远不能胜利地从事独立的运动。他们需要更集
中、更开化、更活跃的城市居民的富有首创精神的推动。

　　上面对在最近的运动爆发时构成德意志民族的各个最重要的
阶级的概述，已经足以说明这次运动中普遍存在的不一致、不协调
和明显的矛盾等情况的一大部分。当如此各不相同、如此互相矛
盾而又如此奇异地互相交织的利益发生剧烈冲突的时候，当各地
区各省的这些互相冲突的利益以各种不同的比例混合在一起的时
候，尤其是当德国没有伦敦或巴黎那样一个大的中心的时候（这
种城市的各项权威性的决定，可以避免每一个地区每一次都要用
斗争来重新解决同样的争论），除了斗争被分解成许多不相联系
的格斗，因而耗费大量的鲜血、精力和资本而仍然得不到任何有决
定意义的结果之外，还能希望得到什么呢？

　　德国在政治上分解成 36 个大大小小的公国，也同样要用组成
这个国家而在每个地方又各有特点的各种成分的混乱与复杂来解
释。没有共同的利益，也就不会有统一的目的，更谈不上统一的行
动。不错，德意志联邦[6]曾宣称是永远不可分割的，但联邦和它的
代表机关联邦议会[7]，却从来没有代表过德国的统一。德国中央集
权所达到的最高点，是**关税同盟**的成立[4]。北海一带的各邦也曾经
因此不得不组成它们自己的关税联盟[8]，而奥地利则仍然关起门来

实行它自己单独的禁止性关税。这样,德国可以满意了,因为它为了自己的实际目的现在仅仅分成三个独立的势力,而不是 36 个。当然,1814 年建立起来的俄国沙皇的无上权威,并没有因此而有所变动。

根据我们的前提得出这些初步结论之后,在下一篇里我们就要谈到德国人民的上述各个阶级怎样一个跟着一个卷入运动,以及这个运动在 1848 年法国革命爆发后所具有的性质。

1851 年 9 月于伦敦

［二　普鲁士邦］

　　德国中等阶级或资产阶级的政治运动，可以从 1840 年算起。在这以前，已经有种种征兆表明，这个国家的拥有资本和工业的阶级已经成熟到这样一种程度，它再也不能在半封建半官僚的君主制的压迫下继续消极忍耐了。德国较小的君主们，都相继颁布了或多或少带有自由主义性质的宪法，这部分地是为了保证他们自己有更大的独立以对抗奥地利和普鲁士的霸权，或对抗他们自己邦内贵族的势力，部分地是为了把根据维也纳会议[9]而联合在他们统治之下的各个分散的地区团结成一个整体。这样做对他们自己是毫无危险的，因为，如果联邦议会[7]——它只是奥地利和普鲁士的傀儡——要侵犯他们作为主权君主的独立性，他们知道，在反抗它的命令时舆论和本邦议会会做他们的后盾；反之，如果这些邦议会的势力太大时，他们可以很容易地运用联邦议会的权力击败一切反对派。巴伐利亚、符腾堡、巴登或汉诺威的宪法所规定的制度，在这种情形下并不能推动争取政治权力的严重斗争；因此，德国资产阶级的大多数对于各小邦立法议会中的琐碎的争端，一般是不加过问的，他们清楚地知道，如果德国两个大邦的政治和国家制度没有根本改变，任何次要的努力和胜利都是没有用处的。但同时，在这些小邦议会中却涌现出一大批自由主义律师、职业反对派;罗泰克、韦尔克尔、勒麦、约尔丹、施蒂韦、艾森曼等等这类大"名人"（Volksmänner），在做了 20 年喧嚷然而总是毫无成效的反对派之后，被 1848 年的革命浪潮推上了权力的顶峰，而他们在暴露了自己的极端无能和微不足道之后，顷刻之间就被推翻了。这是第一批德国土产的职业政客和反对派的样板;他们用演说和文章使德国人耳熟了立宪主义的语言，并用他们的存在本身预示着这样一个时刻即将到来，那时，资产阶级将利用这些夸夸其谈的律师和教授们所惯用然而却不大了解其真实意义的政治词句，并恢复它们本来的含义。

1830 年的事件[10]使整个欧洲顿时陷入了政治骚动，德国文坛也受到这种骚动的影响。当时几乎所有的作家都鼓吹不成熟的立宪主义或更加不成熟的共和主义。用一些定能引起公众注意的政治暗喻来弥补自己作品中才华的不足，越来越成为一种习惯，特别是低等文人的习惯。在诗歌、小说、评论、戏剧中，在一切文学作品中，都充满所谓的"倾向"，即反政府情绪的羞羞答答的流露。为了使 1830 年后在德国盛行的思想混乱达到顶点，这些政治反对派的因素便同大学里没有经过很好消化的对德国哲学的记忆以及法国社会主义，尤其是圣西门主义[11]的被曲解了的只言片语掺混在一起;这一群散布这些杂乱思想的作家，傲慢不逊地自称为青年德意志或现代派[12]。后来他们曾追悔自己青年时代的罪过，但并没有改进自己的文风。

最后，当黑格尔在他的《法哲学》①一书中宣称立宪君主制是

———————
① 黑格尔《法哲学原理，或自然法和国家学纲要》1833 年柏林版（《黑格尔全集》第 8 卷）。——编者注

最终的、最完善的政体时,德国哲学这个表明德国思想发展的最复杂同时也是最准确的温度计,就表示支持资产阶级。换句话说,黑格尔宣布了德国资产阶级取得政权的时刻即将到来。他死后,他的学派没有停止在这一点上,他的追随者中最先进的一部分,一方面对一切宗教信仰给予严厉的批评,使基督教的古老建筑根本动摇,同时又提出了德国人从未听到过的大胆的政治原则,并且企图恢复第一次法国革命时期的已故的英雄们的应有的荣誉。用来表达这些思想的晦涩的哲学语言,既把作者和读者都弄得昏头昏脑,同样也把检查官的眼睛蒙蔽了,因此"青年黑格尔派"的作家便享有文坛的其他任何一个分支都不能享有的新闻出版自由。

这就是说,德国的舆论界显然已经发生了巨大的变化。那些在专制君主制度下因教育或生活状况而能够得到一些政治信息并形成某种独立政治见解的阶级,其中的大多数人渐渐地联合成了一个反对现存制度的强大集团。在评价德国政治发展缓慢时,任何人都不应该不考虑:在德国要得到任何问题的准确信息都是困难的;在这里,一切信息的来源都在政府控制之下,从贫民学校、主日学校以至报纸和大学,没有事先得到许可,什么也不能说,不能教,不能印刷,不能发表。就以维也纳为例,维也纳居民在勤劳和经营工业的能力方面在全德国可以说是首屈一指,论智慧、勇敢和革命魄力,他们更是远远超过别人,但他们对于自身的真正利益,却比别人无知,他们在革命中犯的错误也比别人多。这在很大程度上是由于他们对于最普通的政治问题也几乎一无所知,这是梅特涅政府实行愚民政策的结果。

在这样一种制度下,不用再解释也很清楚,政治信息为什么几乎完全被社会中那些有钱私运政治信息到国内来的阶级,尤其是其利益受到现状侵害最严重的阶级——工商业阶级所一手垄断。因此,这些阶级首先联合起来反对继续保持在不同程度上伪装起来的专制制度;应当认为它们进入反对派队伍的时刻是德国的真正革命运动的开始。

德国资产阶级宣告反对政府,可以说是从 1840 年,即从普鲁士前国王①——1815 年神圣同盟**13**创始者中活到最后的人——死去时开始的。大家知道,新国王②不赞成他父亲的那种主要是官僚军阀式的君主制。法国的资产阶级在路易十六即位时所希望得到的东西,德国的资产阶级也希望在某种程度上从普鲁士的弗里德里希-威廉四世那里得到。大家一致认为旧制度已经腐朽、衰败了,应该摒弃了;老国王在位时人们沉默地加以忍受的一切,现在都被大声疾呼地宣布为不能容忍的事情了。

可是,如果说路易十六——"受欢迎的路易"是一个平庸的不思进取的蠢材,他多少意识到自己的无能,没有任何主见,主要是按自己在受教育期间养成的习性行事,那么"受欢迎的弗里德里希-威廉"则完全是另一种人物。他在性格软弱这一点上的确超过了他的法国先驱,但他却有自己的抱负、自己的见解,他涉猎了许多门科学的基本知识,因此便自以为具有足够的学识,可以对一切问题作出最后的裁决。他深信自己是一流的演说家,在柏林没有一个商品推销员能比他更善于卖弄聪明,更善于辞令。而最重要的是,他有自己的主见。他憎恨而且轻视普鲁士君主制的官僚主义因素,但这只是因为他完全同情封建主义因素。作为所谓历

① 弗里德里希-威廉三世。——编者注
② 弗里德里希-威廉四世。——编者注

史学派**14**（该学派所信奉的是博纳尔德、德·梅斯特尔及其他属于第一代法国正统派**15**的作家们的思想）的《柏林政治周刊》**16**的创办人和主要撰稿人之一,他力图尽可能充分地恢复贵族在社会中的统治地位。这位国王是他治域中的第一个大贵族;在他周围的首先是一班显赫的朝臣——有权势的陪臣、侯爵、公爵和伯爵,其次是许多富裕的下层贵族。他按照自己的意旨统治他那些忠顺的市民和农民。因此,他自己是社会各等级或阶层的至高无上的主宰。而各个等级或阶层都享有各自的特权,它们彼此之间应该用门第的或固定不变的社会地位的几乎不可逾越的壁垒分隔开来;同时,所有这些阶层或"王国的等级"都应该在权势方面恰好达到互相平衡,使国王能保持充分的行动自由,这就是弗里德里希-威廉四世过去准备实现而现在又在努力实现的**美好理想**。

不很了解理论问题的普鲁士资产阶级,过了相当一段时间才看出了国王的真正意图。但是,他们很快就发现了一个事实,即国王一心要做的和他们所需要的恰恰相反。新国王①刚一发现自己的"辩才"因他父亲之死而可以自由施展,他便在无数次的演说中宣布他的意图;但他的每次演说、每一行动,都使他更加失掉资产阶级对他的同情。如果不是一些严酷而惊人的现实打断了他的美梦,对这种情形他还会不大在意。可惜,浪漫主义不是很会算计,而封建主义自唐·吉诃德时代以来总是失算!弗里德里希-威廉四世对于轻视金钱这种十字军后裔的最高贵的传统承袭得太多了。他在即位时发现,政府组织虽然已经相当节约,但用度依然浩繁,国库已经不太充裕。在两年之内,一切节余都在朝廷的喜庆宴

---

① 弗里德里希-威廉四世。——编者注

会、国王巡狩,以及对贫困、破落而贪婪的贵族的赐赠资助等等上面用光了,正常的税收已不够宫廷和政府开支了。于是,国王陛下很快就发现自己处于严重的财政赤字和1820年法令①的夹攻之下,1820年法令规定,不经"将来的人民代议机关"的认可,任何新的公债或增税都是非法的。而这时还没有这种代议机关;新国王甚至比他父亲更不愿意建立它;而即使他愿意建立的话,他也知道,自他即位以来,舆论已经发生了惊人的变化。

的确,资产阶级曾经一度期望新国王会立刻颁布宪法,宣布新闻出版自由,实行陪审审判等等;总之,期望他自己会领导资产阶级取得政权所需要的和平革命。现在他们发觉自己错了,于是便转而对国王发动猛烈的攻击。在莱茵省(全普鲁士各地在不同程度上也是这样),他们的不满情绪如此强烈,以致在他们本身缺乏能够在报刊上代表自己意见的人才的情况下,竟然同我们在上面提到的那一极端的哲学派别结成了联盟。在科隆出版的《莱茵报》[17],便是这个联盟的果实。这家报纸虽然在存在15个月之后就被查封,但可以说它是德国现代报刊的先驱。这是1842年的事。

可怜的国王在经济上的困难,是对他那些中世纪嗜好的最尖锐的讽刺;他很快就看出,如果他不向要求建立"人民代议机关"的普遍呼声作一些小小的让步,他便不能继续统治下去,这样的机关作为1813年和1815年那些早被遗忘的诺言的最后一点遗迹体现在1820年法令中。他觉得实施这个讨厌的法令的阻力最小的方法,就是把各省议会的等级委员会[18]召集在一起开会。各省议

①　指《关于将来处理全部国债事务的规定。1820年1月17日》,载于《普鲁士王国法令汇编》1820年柏林版第2号。——编者注

会是1823年成立的。王国八个省的省议会的成员包括:(1)上层贵族,德意志帝国原来的各个皇族,它们的首脑人物都是当然的议会成员;(2)骑士或下层贵族的代表;(3)城市的代表;(4)农民或小农业主阶级的代表。全部事情是这样安排的:在每个省都是两部分贵族在议会中占多数。八个省的省议会各选一个委员会,现在这八个委员会都被召到柏林,以便组成一个代表会议来投票决定发行国王所渴望的公债。据说国库是充裕的,发行公债不是为了当前的需要,而是为了建筑一条国有铁路。但联合委员会[19]断然拒绝了国王的要求,声言他们不能行使人民代议机关的职权,并要求国王陛下履行他父亲在需要人民帮助对抗拿破仑时许下的诺言——颁布一部代议制的宪法。

联合委员会的会议表明,怀有反政府情绪的已不只是资产阶级了。一部分农民已经站到他们一边;许多贵族也宣布反对政府,要求颁布一部代议制的宪法,因为他们本身就是自己领地上的大农场主和做谷物、羊毛、酒精和亚麻生意的商人,他们同样需要获得反对专制制度、反对官僚制度、反对封建复辟的保障。国王的计划彻底破产了;他没有搞到钱,却增加了反对派的力量。此后接着召开的各省议会会议,更加不利于国王。所有省议会都要求改革,要求履行1813年和1815年的诺言,要求颁布宪法和给予新闻出版自由;有些议会的有关决议措辞颇为不恭,国王在盛怒之下所作的粗暴答复,使事态更加恶化。

同时,政府的财政困难日渐增加。由于缩减对各项公用事业的拨款,由于通过"海外贸易公司"[20](它是一个由国家出资和承担风险做投机生意的商业机构,很早以来就充当国家借款的经纪人)进行欺诈交易,才得以暂时维持门面;增发国家纸币提供了一些财源;总的说来,这个秘密保守得颇为严紧。然而所有这些计谋很快就显得不够用了。于是又试行另一个计划:设立一个银行,其资本部分由国家,部分由私人股东提供,主要的管理权属于国家,这样一来,政府就能够大量取用这个银行的资金,从而继续进行已经不能再通过"海外贸易公司"进行的欺诈交易。但是,很自然,没有一个资本家愿意在这种条件下投资;只有修改银行章程,保证股东的财产不受国库的侵犯,然后才会有人认股。而当这个计划也失败之后,除了发行公债以外再没有别的办法了——但愿能够找到一批资本家,他们不要求那个神秘的"将来的人民代议机关"的允许和保证就愿意出借他们的现款。于是求助于路特希尔德,但他说,如果公债有"人民代议机关"作保,他马上就认购,否则,他决不打算谈这宗交易。

这样,搞到钱的一切希望都破灭了,想避开命中注定的"人民代议机关"已经不可能了。路特希尔德拒绝贷款是1846年秋天的事,次年2月国王就把所有八个省议会召集到柏林,把它们组成一个"联合议会"[21]。这个议会的任务,就是完成1820年法令规定在需要的情况下所要做的工作,即表决公债和增税,此外它不应该有任何权利。它对一般立法问题的意见,只是咨议性的;它开会无定期,国王想什么时候开就什么时候开;政府想让它讨论什么问题它就讨论什么问题。当然,议员们很不满足于让他们扮演这种角色。他们一再申述他们在各省议会开会时所表达的愿望;他们和政府之间的关系很快就恶化了,而当要求他们同意发行仍然被说成是用来建筑铁路的公债时,他们又一次加以拒绝。

这个表决很快就使他们的会议结束了。越来越愤怒的国王对他们严加申斥并将他们遣散;但钱还是没有弄到手。的确,国王有充分理由为自己的处境感到惊惶不安,因为他看到,以资产阶级为首的、包括大部分下层贵族和蕴积在各个下层等级中的各种各样的不满分子在内的自由派联盟,决心要获得它所要求的东西。国王在联合议会的开幕词中徒劳地宣称,他永远不会赐给现代意义上的宪法;自由派联盟坚决要求的正是现代的、反封建的代议制的宪法及其一切成果——新闻出版自由、陪审审判等等;在他们未得到这种宪法以前,他们是分文不给的。很明显,事情不能这样长久继续下去,必须有一方让步,否则就一定会发生破裂和流血斗争。资产阶级知道,它正处在革命的前夜,而且它已准备进行革命。它用一切可能的方法争取城市的工人阶级和农业地区的农民的支持,而且大家知道,1847 年底,在资产阶级中间几乎没有一个出名的政治人物不冒充"社会主义者"以取得无产阶级的同情,下面我们很快就可以看到这些"社会主义者"的实际行动。

起领导作用的资产阶级急于至少是用社会主义来装点门面,是因为德国工人阶级已经发生了很大的变化。从 1840 年起,一部分曾到过法国和瑞士的德国工人多少都受到了一些当时法国工人中间流行的粗浅的社会主义或共产主义思想的熏染。1840 年以来,这些思想在法国越来越引人注意,这使社会主义和共产主义在德国也成了时髦的东西,而且从 1843 年起,所有的报纸都絮絮不休地讨论起社会问题来了。德国很快就形成了一个社会主义者学派[22],这一学派的特点与其说是思想新颖不如说是思想含混。它的主要工作是把傅立叶派[23]、圣西门派[11]和其他派别的学说,从法文翻译成晦涩的德国哲学的语言。与这一宗派完全不同的德国共产主义学派,大致也在这个时候形成了。

1844 年发生了西里西亚的织工起义,接着又发生了布拉格印花工厂工人的起义[5]。这些被残酷镇压下去的起义,这些不是反对政府而是反对企业主的工人起义,产生了深刻的影响,对在工人中间的社会主义和共产主义宣传给予了新的推动。饥荒的1847年的粮食暴动也起了这种作用。简单地说,正像大部分有产阶级(大封建地主除外)团结在立宪反对派的旗帜周围一样,大城市的工人阶级把社会主义和共产主义的学说当做自己解放的手段,虽然在当时的新闻出版法之下,关于这些学说他们所能知道的只是很少一点。当时也不能希望他们对于自身的需要有很明确的认识;他们只知道,立宪派资产阶级的纲领不包含他们所需要的一切,他们的需要决不局限在立宪思想的范围之内。

当时德国没有单独的共和党。人们不是立宪君主派,就是或多或少比较明确的社会主义者或共产主义者。

由于这些因素,最小的冲突也一定会引起一次大革命。当时只有上层贵族和上层文武官员是现存制度的唯一可靠的支柱;下层贵族,工商业资产阶级,各个大学、各级学校的教员,甚至一部分下级文武官员都联合起来反对政府;在这些人后面还有心怀不满的农民群众和大城市的无产者群众,他们虽然暂时支持自由主义反对派,但已在低声地说一些关于要把事情掌握在自己手中的怪话;资产阶级准备推翻政府,无产者则准备随后再推翻资产阶级,而就在这样的时候,政府却顽固地沿着那条必然要引起冲突的道路走去。1848年初,德国已处在革命的前夜,即使没有法国二月革命的促进,这次革命也是一定要爆发的。

这次巴黎革命对于德国影响如何,我们将在下一篇中谈到。

1851年9月于伦敦

［三 德国其他各邦］

在前一篇中,我们几乎仅仅谈到 1840 年至 1848 年间在德国的运动中起着最重要的作用的那个邦,即普鲁士。现在我们则应该略微考察一下同一时期德国其他各邦。

自从 1830 年革命运动以后,各小邦完全处于联邦议会[7]的独裁之下,也就是处于奥地利和普鲁士的独裁之下。各邦制定的宪法既是用来抵御大邦的专横霸道,又是为了给制定宪法的君主们树立声望并把由维也纳会议[9]不依任何指导原则建立的各色各样的省议会统一起来。这些宪法虽然虚有其名,但在 1830 年和 1831 年的动荡时期,对各小邦君主的权力仍然是一种危险,所以它们几乎全部被废除,幸存下来的则更加有名无实,只有像韦尔克尔、罗泰克和达尔曼这帮絮絮不休的自我陶醉的人才会设想,他们在这些小邦的不起作用的议会里被允许表明的那种掺和着可耻谄媚的、谦卑的反对立场,能够获得什么结果。

这些小邦里比较坚决的那一部分资产阶级,1840 年后很快就完全放弃了他们从前希望在奥地利和普鲁士的这些附庸小邦里发展议会制度的一切想法。当普鲁士的资产阶级和同它联合起来的各阶级郑重表示决心,要为在普鲁士实行议会制度而斗争时,它们便立即被公认为除奥地利以外的全德国的立宪运动的领袖。现在,一个无可争辩的事实是:中部德国那些后来退出法兰克福国民议会[24]并因他们单独召开会议的地点而被称做哥达派[25]的立宪派核心分子,早在1848年以前就讨论过一个计划,1849年,他们把这个计划略加修改提交给全德国的代表。他们打算把奥地利完全排除于德意志联邦[6]之外,建立一个具有新的根本法和联邦议会的、在普鲁士保护之下的新的联邦,并且把小邦归并于大邦。只要普鲁士一实现立宪君主制,实行新闻出版自由,采取不依赖俄国和奥地利的独立政策,因而使各小邦的立宪派能够真正控制各邦的政府,上述一切便可以实现。这个计划的发明者是海德堡(巴登)的盖尔温努斯教授。这样一来,普鲁士资产阶级的解放,就预示着全德国资产阶级的解放,预示着一个对抗俄国和对抗奥地利的攻守同盟的建立。因为,正如我们马上就会看到的那样,奥地利被认为是一个十分野蛮的国家,人们对它很少了解,而所了解的一点点,也不是奥地利人的什么光彩的事。因此,当时奥地利不被认为是德国的一个重要组成部分。

至于各小邦里的其他社会阶级,它们都或快或慢地跟着它们的普鲁士弟兄跑。小资产阶级越来越不满意他们的政府,不满意加重捐税,不满意剥夺他们在同奥地利和普鲁士的"专制的奴隶"相比时常常借以自夸的那些政治上的虚假特权。但在他们的反对立场中还没有任何明确的东西,表明他们是与上层资产阶级的立宪主义不同的一个独立的党派。农民中间的不满情绪也在增长,但大家都清楚地知道,除非在确立了普选权的国家,这一部分人在安静的和平的时期,从不会维护自身的利益,从不会采取一个独立阶级的立场。城市工业企业中的工人,已感染了社会主义和共产主义的"毒素"。但是在除普鲁士以外的别的地方,重要城市很少，工业区更少，由于缺乏活动和宣传的中心，这个阶级的运动在各小邦发展得极为缓慢。

政治反对派所遇到的种种障碍，无论在普鲁士或各小邦都促成了宗教反对派，即平行地进行活动的德国天主教[26]和自由公理会[27]。历史给我们提供了许多例子，说明在那些享受国教的祝福而政治问题的讨论却受到束缚的国家里，与世俗权力相对抗的危险的世俗反对派，常常隐藏在更加神圣的、看来更加无意于世俗利益而一意反对精神专制的斗争后面。很多政府不允许对自己的任何行动进行讨论，但它们却不敢贸然制造殉教事件和激起群众的宗教狂热。所以，1845年在德国的每一个邦里，或者是旧罗马天主教，或者是新教，或者是这两者，都被视为国家制度不可缺少的组成部分。在每一个邦，这两个教派的或其中一派的教士，都是官僚政府机构的重要因素。因此，攻击新教或天主教正统，攻击教士，就等于变相攻击政府本身。至于德国天主教派，他们的存在本身就是对德国，尤其是对奥地利和巴伐利亚的天主教政府的攻击；而这些政府也正是这样理解这一点的。自由公理会的信徒，反对国教的新教徒，有点像是英国和美国的一位论派[28]，他们公开宣称反对普鲁士国王①及其宠臣、宗教和教育事务大臣艾希霍恩先生的那种教权主义和严格的正统主义的倾向。两个新教派都曾一度得到迅速的发展，前者是在天主教地区，后者是在新教地区，二者除了起源不同之外，没有别的区别；至于教义，两派在最重要的一点上是完全一致的，都认为一切已确定的教条是无效的。这种缺乏确定性便是它们的真正实质。它们自称要建筑一个伟大的神

---

① 弗里德里希-威廉四世。——编者注

殿,使所有德国人都能在其屋顶下联合起来;这样它们就用宗教的
形式表达了当时的另一种政治思想,即统一德国的思想。可是它
们相互之间却无论如何也不能取得一致。

上述的教派企图发明一种适合于所有德国人的需要、习惯和
趣味的特制的共同宗教,以便至少是在宗教方面实现德国的统一。
这种思想的确传布很广,尤其是在各小邦中。自从德意志帝国[29]
被拿破仑灭亡以后,要求将德国的一切**分散的成员**联合起来的呼
声,已成为对于现状不满的最普遍的表示,在各小邦尤其是这样。
因为在小邦里维持宫廷、行政机关、军队等等的巨大开支,简言之,
沉重的捐税负担,与各邦的微小和贫弱成正比地增加着。但是,如
果德国的统一得到实现的话,那么这种统一究竟应该怎样,在这一
点上各党派的看法是有分歧的。不愿有严重革命动荡的资产阶
级,满足于前面我们已经提到的他们认为"切实可行的"东西,即
要求在普鲁士立宪政府的领导下建立除奥地利之外的全德联盟。
的确,既然要避免危险的风暴,当时所能做的也只能到此为止。至
于小资产阶级和农民(如果说农民也愿意过问这类事情的话),他
们从来没有能够对他们后来所大声疾呼要求的德国统一有任何明
确的观念;少数的梦想家,多半是封建的反动派,希望恢复德意志
帝国;一些无知的**所谓的**激进派羡慕瑞士的制度(他们当时还没
有实行那种制度的经验,后来这种经验才使他们十分滑稽地醒悟
过来),主张建立联邦共和国;只有最极端的党派敢于在当时要求
建立一个统一的、不可分割的德意志共和国[30]。因此,德国统一问
题本身就孕育着分歧、争执,在某种情况下甚至孕育着内战。

我们可以对1847年底普鲁士和德国其他小邦的情况作如下
的总结。资产阶级已经认识到自己的力量,决定不再忍受封建官

僚专制制度用来束缚他们的商业事务、工业生产能力和他们作为一个阶级而进行的共同行动的枷锁;一部分土地贵族已变成了纯粹市场商品的生产者,因而他们同资产阶级利害相同、休戚与共;小资产阶级很不满意,埋怨捐税,埋怨对他们的业务设置的种种障碍,但是并没有任何明确的、应保障他们在社会和国家中的地位的改革方案;农民在一些地方饱受封建的苛捐杂税的盘剥,在另一些地方则备受放债人、高利贷者和律师们的压迫;城市工人普遍不满,他们对政府和大工业资本家同样憎恨,并且深受社会主义和共产主义思想的感染。总之,反对政府的群众是由各种各样的成分组成的,它们的利益各不相同,但或多或少都受资产阶级领导,而走在资产阶级最前列的又是普鲁士的资产阶级,尤其是莱茵省的资产阶级。另一方面,各邦政府在许多问题上不一致,彼此互不信任,尤其不信任普鲁士政府,虽然它们不得不依靠它的保护。在普鲁士,政府已遭到舆论的唾弃,甚至遭到一部分贵族的唾弃,它所依赖的军队和官僚也一天比一天更多地感染了反政府的资产阶级的思想,越来越受它的影响;除了这一切,这个政府又确实是一文不名,除了乞求资产阶级反对派,便不能得到一分钱去弥补日渐增多的赤字。有哪个国家的资产阶级在反对现存的政府、夺取政权时曾经处于比这更有利的地位呢?

1851 年 9 月于伦敦

［四　奥　地　利］

　　我们现在应该来看看奥地利,这个国家在1848年3月以前不为外国人所了解,差不多就像最近一次同英国作战以前的中国①一样。

　　当然,我们这里只能研究德意志的奥地利。波兰、匈牙利或意大利的奥地利人,不属于本题范围;至于1848年后他们对德意志的奥地利人的命运的影响,我们将在以后来谈②。

　　梅特涅公爵的政府所遵循的两个方针是:第一,使奥地利统治下的各民族中的每一个民族都受到所有其他处于同样境地的民族的牵制;第二,这向来是一切专制君主制的基本原则,即依靠封建地主和做证券交易的大资本家这两个阶级,同时使这两个阶级的权势和力量互相平衡,以便政府保留完全的行动自由。以各种封建收益作为全部收入的土地贵族,不能不支持政府,因为政府是他们对付被压迫的农奴阶级(他们靠掠夺这些农奴为生)的唯一靠山。而每当他们之中较不富裕的一部分起来反对政府的时候,例如1846年加利西亚的情形,梅特涅立刻就唆使这些农奴去反抗他

---

① 　指第一次鸦片战争(1840—1842年)以前的中国。——编者注
② 　见本书第49—53页。——编者注

们,因为这些农奴总是力图抓住机会狠狠地报复他们的直接压迫者。**31** 另一方面,交易所的大资本家由于大量投资于国家的公债,也受到梅特涅政府的束缚。奥地利在 1815 年恢复了它的全部实力,1820 年后又在意大利恢复和维持了专制君主制,1810 年的破产**32** 又免除了它的一部分债务,所以,在媾和之后,它很快就在欧洲各大金融市场重新建立了信用;而信用越是增长,它也就越是加紧利用这种信用。于是,欧洲的一切金融巨头都把他们的很大一部分资本投入奥地利的公债。他们全都需要维持奥地利的信用,而要维持奥地利的国家信用又总是需要新的借款,于是他们便不得不时常提供新的资本,以维持他们过去已经投资的债券的信用。1815 年以后的长期和平,以及表面上看来奥地利这样一个千年王国不可能倾覆的假象,使梅特涅政府的信用惊人地增长,甚至使它可以不依赖维也纳的银行家和证券投机商了;因为只要梅特涅还能够在法兰克福和阿姆斯特丹得到足够的资金,他当然就心满意足地看着奥地利的资本家们被踩在他的脚下,而且,他们在其他方面也得仰承他的鼻息。银行家、证券投机商、政府的承包商虽然总是设法从专制君主制那里获得大宗利润,但这是以政府对他们的人身和财产具有几乎是无限的支配权作为交换条件的,因此,不能期待这一部分人会对政府持任何反对态度。这样,梅特涅便有把握获得帝国中最有力量和最有权势的两个阶级的支持,此外他还拥有军队和官僚机构,它们被组织得最适合于为专制制度服务。奥地利的文武官员自成一个门第;他们的父辈是为**奥皇**效劳的,他们的子孙也将如此。他们不属于在双头鹰①的羽翼下联合起来的

---

① 神圣罗马帝国国徽。——编者注

许多民族中的任何一族；他们经常从帝国的一端迁移到另一端，从波兰到意大利，从德意志地区到特兰西瓦尼亚。他们对匈牙利人、波兰人、德意志人、罗马尼亚人、意大利人、克罗地亚人，对一切没有打上"皇家和王室"等等标记而具有某一民族特性的人同样予以轻视；他们没有民族性，或者更确切地说，正是他们构成了真正的奥地利民族。很明显，这样一个文武官员的特殊等级，在一个有才智有能力的统治者手里会是怎样一种驯顺而有力的工具。

至于居民中的其他阶级，梅特涅采取十足的**旧式政治家**的态度，不大重视他们的支持。他对待他们只有一个政策：通过赋税从他们身上尽可能多地进行榨取，同时使他们保持平静。工商业资产阶级在奥地利发展缓慢。多瑙河流域的贸易相对来说无足轻重；奥地利只有的里雅斯特一个港埠，而这个港埠的贸易也十分有限。至于工业家，他们受益于广泛实行的保护关税制度，这一制度在大多数场合甚至无异于完全排除了外国的竞争；但向他们提供这种优惠，主要是为了增加他们纳税的能力；不过，由于国内对工业的限制，由于行会和其他封建公会（在不妨碍政府实现它的目的和意图的情况下，它们是受到周密的保护的）的特权，这种优惠在很大程度上已经被抵消了。小手工业者被封闭在中世纪行会的狭窄框框内，这种行会使各个行业彼此不断地为争夺特权而斗争，同时它们使工人阶级的各个成员几乎没有任何可能提高自己的社会地位，从而使这些强制性的联合体的成员具有一种世袭的稳定性。最后，农民和工人只是被当做征税的对象；他们所得到的唯一的关心，就是要尽可能使他们保持当前的和以前其父辈所赖以生存的生活条件。为了达到这个目的，一切旧的、既存的、世袭的权力，都像国家的权力一样受到保护；地主对小佃农的权力、厂主对工厂工人的权力、手工业师傅对帮工和学徒的权力、父亲对儿子的权力,到处都受到政府的极力维护,凡有不服从者,都像触犯法律一样,要受到奥地利司法的万能工具——笞杖的惩罚。

最后,为了把所有这些创造人为的安定的努力结成一个包罗万象的体系,被允许给予人民的精神食粮都要经过最审慎的选择,而且极其吝啬。教育到处都掌握在天主教教士手里,而教士的首脑们像大封建地主一样,是迫切需要保存现有制度的。大学都办成这个样子:只容许它们造就充其量在种种专门知识领域可能有比较高深造诣的专家,但无论如何不允许进行在别的大学里可望进行的那种全面的自由的教育。除了匈牙利,根本没有报刊,而匈牙利的报纸在帝国一切其他地方都是违禁品。至于一般的著述,100 年以来其发行范围不但毫未扩大,自约瑟夫二世死后反倒缩减了。在奥地利各邦与文明国家接壤的地方,除了关税官员的**警戒线**,还有书报检查官的**警戒线**;外国的任何书籍或报纸不经过两次三番的详细审查,查明它们丝毫没有沾染时代的恶毒精神,决不会让它们进入奥地利。

在 1815 年后的将近 30 年中,这种制度取得了惊人的成就。奥地利几乎完全不为欧洲所了解,而欧洲也同样不为奥地利所了解。居民中各阶级和全体居民的社会状况,似乎都没有丝毫变化。不管阶级与阶级之间存在着怎样的怨仇(这种怨仇正是梅特涅统治的一个主要条件,他甚至有意加深这种怨仇,让上层阶级充当政府进行一切横征暴敛的工具,从而把憎恶引向它们),不管人民对国家下级官吏有怎样的憎恨,但整个说来,他们对于中央政府很少有或者根本没有不满情绪。皇帝受到崇拜,而事实似乎也证实了老弗兰茨一世的话。他曾经怀疑这种制度能否持久,但他接着就安慰自己说："在我和梅特涅在世的时候，它总还是会维持下去的。"

但是有一种徐缓的、表面上看不见的运动在进行着，它使梅特涅的一切努力都白费了。工商业资产阶级的财富和势力都增加了。工业中机器和蒸汽的采用，在奥地利，也像在所有别的地方一样，使社会各阶级的一切旧有关系和生活条件发生了变革；它把农奴变成了自由民，把小农变成了工业工人；它摧毁了旧的封建手工业行会，消灭了许多这种行会的生存手段。新的工商业居民与旧的封建制度到处发生冲突。因业务关系日益频繁地去国外旅行的资产阶级，把关于帝国关税壁垒以外的各文明国家的某些神话般的知识介绍给国内；最后，铁路的建设加速了国内工业和智力的发展。此外，在奥地利的国家机构中，也存在一个危险的部分，这就是匈牙利的封建宪法、议会辩论以及反政府的大批破落贵族对政府及其同盟者豪绅显贵们进行的斗争。匈牙利的议会所在地普雷斯堡在维也纳的大门口。这一切因素都促使城市资产阶级产生一种情绪——这不是真正反政府的情绪，因为当时反政府还不可能，而是一种不满情绪，产生一种实行改革，主要是行政上的改革，而不是立宪性质的改革的普遍要求。也如在普鲁士一样，在这里一部分官僚与资产阶级联合起来了。在这个世袭的官吏阶层中间，约瑟夫二世的传统还没有被遗忘；政府中受过较多教育的官员本身有时也幻想各种可能的改革，他们宁愿要这位皇帝的进步和开明的专制，而不愿要梅特涅的"严父般的"专制。一部分较穷的贵族也支持资产阶级，至于居民中一向有充分理由对上层阶级（如果不是对政府）不满的下层阶级，它们在大多数场合是不会不支持资产阶级的改革要求的。

大约正是在这个时候,即 1843 年或 1844 年,在德国创立了一个适应这种变革的特殊的著作部门。少数奥地利的作家、小说家、文艺批评家、蹩脚诗人(他们的才能都很平常,但都天生具有犹太人所特有的那种勤奋)在莱比锡以及奥地利以外的其他德国城市站住了脚,在这些梅特涅的势力所不及的地方出版了一些论述奥地利事务的书籍和小册子。他们和他们的出版商的这桩生意"十分兴隆"。全德国都急于想了解这个欧洲的中国的政治秘密;奥地利人本身通过波希米亚边境上进行的大批的走私而获得了这些出版物,他们的好奇心更加强烈。当然,这些出版物中所泄露的秘密并没有什么重要意义,它们的善意的作者所设计的改革计划非常天真,可以说在政治上十分纯朴。他们认为宪法和新闻出版自由对奥地利来说是难以得到的东西。实行行政改革,扩大省议会权限,允许外国书报入境,稍稍放松书报检查制度——这些善良的奥地利人的忠君守法的谦恭的要求,不过如此而已。

无论如何,要阻止奥地利与德国其他部分以及经过德国与全世界的文化交流,越来越不可能了,这种情况大大促进了反政府的舆论的形成,并且至少使奥地利居民中的一部分人获得了一些政治信息。于是在 1847 年底,当时盛行于全德国的政治的和政治宗教的鼓动也波及奥地利,虽然在程度上较弱。这种鼓动在奥地利进行得较为沉寂,但它仍然找到了足以供它施加影响的革命因素。这些因素是:被地主或政府的横征暴敛压得喘不过气来的农民、农奴或封建佃农,在警察的棍棒下被迫在厂主随意规定的任何条件下做工的工厂工人,被行会条例剥夺了在自己的行业取得独立地位的任何机会的手工业帮工,在经营中处处被种种荒谬条例捆住手脚的商人,不断与小心翼翼地保护着自己的特权的手工业行会或贪婪而多事的官吏发生冲突的厂主,与无知而专横的教士或愚蠢而跋扈的上司进行徒劳无益的斗争的教师、**学者**和受过较高教育的官员。总之,没有一个阶级感到满意,因为政府有时不得不作的一些小小让步,并不是由它自己出资(国库是负担不了的),而是靠上层贵族和教士出资进行的。至于大银行家和公债持有人,意大利最近的事变、匈牙利议会中日益加强的反对派,以及波及整个帝国的异常的不满情绪和要求改革的呼声,自然丝毫也不会加强他们对奥地利帝国的巩固与支付能力的信心。

这样,奥地利也在缓慢地但确定无疑地走向伟大的变革,而这时法国突然爆发了事变,它使逼近的暴风雨立刻倾降下来,驳倒了老弗兰茨关于大厦在他和梅特涅在世的时候还是会维持下去的断语。

1851 年 9 月于伦敦

［五　维也纳起义］

1848 年 2 月 24 日,路易-菲力浦被赶出巴黎,法兰西共和国宣告成立。紧接着,在 3 月 13 日,维也纳人民摧毁了梅特涅公爵的政权,迫使他可耻地逃亡国外。3 月 18 日,柏林人民举行武装起义,经过 18 小时顽强的战斗之后,满意地看到国王①向他们求饶乞降。同时,在德国各小邦的首府也都爆发了激烈程度不同但成果相同的骚动。如果说德国人民没有完成他们的第一次革命,那么他们至少是真正走上了革命的道路。

我们不能在这里考察这许多次起义的细节;我们只想阐明这些起义的性质以及居民中各个阶级对起义所采取的立场。

维也纳的革命可以说几乎是全体居民一致完成的。资产阶级(银行家和证券投机商除外)、小资产阶级、全体工人,一致立即起来反对大家所憎恶的政府,这个政府如此普遍地被人憎恨,以致从前支持它的极少数贵族和金融巨头在它刚刚遭到攻击时也都隐藏起来了。梅特涅已使资产阶级在政治上无知到如此程度,以致他们对从巴黎传来的关于无政府状态、社会主义和恐怖的统治的消息,以及关于资本家阶级和工人阶级之间即将展开斗争的消息完

---

① 弗里德里希-威廉四世。——编者注

35

全不能理解。他们由于政治上的幼稚,不是完全不了解这些消息的意义,就是以为那是梅特涅恶意捏造的,为的是恐吓他们,让他们再去服从他。而且,他们从来没有看见过工人作为一个阶级行动或者为自己本身的特殊的阶级利益而斗争。他们根据过去的经验,不能设想刚刚如此衷心地联合起来推翻大家一致憎恨的政府的各阶级之间可能产生任何分歧。他们看到工人在所有各点上——在宪法、陪审审判、新闻出版自由等等问题上——都与他们一致。于是,他们至少在1848年3月全身心地投入了运动,而另一方面,运动从最初起就使他们(至少在理论上)成为国家的统治阶级。

但是,不同阶级的这种联合,虽然在某种程度上向来是一切革命的必要条件,却不能持久,一切革命的命运都是如此。在战胜共同的敌人之后,战胜者之间就要分成不同的营垒,彼此兵戎相见。正是旧的复杂的社会机体中阶级对抗的这种迅速而剧烈的发展,使革命成为社会进步和政治进步的强大推动力;正是新的党派的这种不断的迅速成长,一个接替一个掌握政权,使一个民族在这种剧烈的动荡时期5年就走完在普通环境下100年还走不完的途程。

维也纳革命使资产阶级成为理论上的统治阶级;也就是说,一旦从政府那里争取到的让步付诸实行,并且能够坚持一个时期的话,就一定会保证资产阶级的统治。可是,事实上这一阶级的统治还远远没有建立起来。不错,由于国民自卫军的建立使资产阶级和小资产阶级掌握了武器,资产阶级获得了力量和权势;不错,由于成立了"安全委员会"这种由资产阶级占支配地位的、对谁都不负责的革命政府,资产阶级取得了最高的权力。但同时一部分工人也武装起来了,每当发生战斗时,他们和大学生³³总是承担起战斗的全部重任;约 4 000 名装备优良、训练远比国民自卫军要好的大学生,成为革命武装的核心和真正力量,他们决不愿意只是充当安全委员会手里的一个工具。他们虽然承认安全委员会,甚至是它的最热烈的拥护者,可是他们形成了一种独立的而且颇不安分的团体,在"大礼堂"召开他们自己的会议,保持介于资产阶级和工人阶级之间的中间立场,以不断的鼓动阻止事物回复到旧日的平常状态,而且经常把自己的决议强加于安全委员会。另一方面,工人差不多完全失业了,国家不得不花钱雇用他们到公共工程中去做工,而用于这方面的款项当然必须取自纳税人的腰包或维也纳市的金库。这一切自然使维也纳的生意人很不愉快。该市的工业企业本来是为这个大国中的富豪和贵族的消费服务的,由于发生革命,由于贵族和宫廷的逃亡,这些企业自然完全停业了;商业陷于停顿,工人和大学生不断进行的鼓动和骚动,当然不是如当时人们常说的"恢复信任"的办法。这样,资产阶级与不安分的大学生和工人之间很快就出现了某种冷淡关系,而这种冷淡关系之所以在一个长时期中并没有转变为公开的敌对关系,那是由于内阁,尤其是宫廷急欲恢复旧秩序,因而不断证明比较革命的党派的疑虑和不安分的活动是有道理的,并且甚至当着资产阶级的面,不断地使旧日的梅特涅专制借尸还魂。由于政府企图限制或完全取消某些刚刚争得的新的自由,于是 5 月 15 日和 5 月 26 日先后两次发生了维也纳各阶级的起义①。在这两次起义中,国民自卫军或武装的资产阶级、大学生以及工人之间的联盟又暂时得到巩固。

———————

① 参看本书第 64—66 页。——编者注

至于居民中的其他阶级,贵族和金融巨头们已经销声匿迹,农民则到处忙于铲除封建制度的残余。由于意大利的战争[34],也由于宫廷忙于维也纳和匈牙利问题,农民得到了充分的行动自由,在奥地利,他们在解放事业中取得的成就,比在德国任何其他地方都大。在这之后不久,奥地利议会只好确认农民已经实际实行了的种种措施,不管施瓦尔岑堡公爵的政府还能够恢复别的什么东西,它永远不能恢复对农民的封建奴役了。如果说奥地利目前又比较平静了,甚至强有力了,这主要是因为人民的大多数即农民真正从革命中得到了利益,还因为不管业已重建的政府侵犯了别的什么东西,农民所争得的这些实际的物质利益却没有受到侵犯。

1851 年 10 月于伦敦

［六　柏　林　起　义］

　　革命运动的第二个中心是柏林。根据前面几篇所叙述的情形,不难了解,为什么柏林的革命运动根本不像在维也纳那样得到几乎所有阶级的一致支持。在普鲁士,资产阶级早已经卷入了反政府的实际斗争;"联合议会"[21]造成了破裂;资产阶级革命日益迫近①。如果不是由于巴黎二月革命[35],这个革命在爆发之初也许会像维也纳革命一样万众一心。巴黎事变猛然促进了一切,但同时它是在另一旗帜下进行的,这面旗帜与普鲁士资产阶级准备进攻自己的政府时所举起的旗帜完全不同。二月革命在法国所推翻的那种政府,正是普鲁士资产阶级在自己国内所要建立的。二月革命声称自己是工人阶级反对资产阶级的革命,它宣告了资产阶级政府的垮台和工人的解放。而普鲁士资产阶级最近则受够了自己国内工人阶级的骚扰。在西里西亚起义所引起的最初恐怖过去以后,他们甚至想为自身利益来利用这些骚扰。但他们对革命的社会主义和共产主义始终怀有本能的恐惧。因此,当他们看到巴黎政府的首脑人物正是被他们视为财产、秩序、宗教、家庭以及现代资产者的其他**家神**的最危险的敌人的时候,他们的革命热情

---

① 参看本书第20—21页。——编者注

马上一落千丈。他们知道，必须抓住时机，没有工人群众的帮助他们就会失败，可是他们没有勇气。因此，当外地刚一出现零星的发动时，他们便站在政府方面，努力使柏林的人民保持安定，因为五天以来人民一直聚集在王宫前讨论各种新闻，要求改组政府。而当梅特涅被推翻的消息传来、国王终于作了一些小小的让步时，资产阶级便认为革命已经完成，跑去向陛下谢恩，说他已满足了他的人民的一切愿望。可是紧接着便出现了军队向群众进攻、街垒、战斗以及王室的溃败。于是一切都改变了。一直被资产阶级排挤到后面去的工人阶级，现在被推到斗争的前列，进行了战斗而且获得了胜利，突然意识到了自己的力量。对于普选权、新闻出版自由、陪审权、集会权的限制——这些限制深受资产阶级的欢迎，因为受到限制的只是它下面的各阶级——现在已经不可能继续下去了。重演巴黎的"无政府状态"那一场戏的危险迫在眉睫。在这种危险面前，一切过去的分歧都消逝了。多年来的朋友和仇敌为了反对胜利的工人而联合起来了，虽然工人还并没有提出他们自己的任何特殊要求。资产阶级和被推翻的制度的拥护者在柏林的街垒上订立了联盟。他们彼此不得不作一些必要的让步，但也只限于势在必行的让步；成立了一个由联合议会中各反对派的领袖组成的内阁，为了酬答这个内阁保全王位的功绩，旧政府的一切支柱——封建贵族、官僚、军队都保证支持它，这就是康普豪森先生和汉泽曼先生组阁的条件。

新阁员们对于觉醒的群众非常恐惧，在他们眼里，任何能巩固已被动摇的政权的基础的手段都是好的。这些糊里糊涂的可怜虫以为旧制度复辟的一切危险都已经过去，因此便利用整个旧的国家机器来恢复"秩序"。文武官员没有一个被撤职；旧的管理国家的官僚制度丝毫没有变更。这些可爱的立宪责任内阁的阁员们，甚至把那些由于其过去的官僚暴行而被人民在最初的革命高潮中赶跑的官员也恢复了原职。在普鲁士，除了阁员更换而外，没有任何变更，甚至各部门的主管人员也都一个未动；所有那些在新擢升的统治者周围组成一个合唱队并希望分得一份权位的猎取官职的立宪派，都被告知：应该等到秩序恢复安定时再来更换官员，因为现在就这样做是有危险的。

在 3 月 18 日起义以后极度沮丧的国王，很快就发觉这些"自由派"阁员需要他，正如他也需要他们一样。起义没有推翻王位；王位成了防范"无政府状态"的最后一个现存的屏障；因此自由派资产阶级及其现任阁员的领袖们，很愿意同国王保持最亲善的关系。国王和他周围的反动的宫廷奸党很快就发现了这一点，于是便利用这种环境来阻碍内阁实行它有时打算进行的那些微不足道的改革。

内阁首先关心的事情，是要给最近的暴力变革一种合法的外貌。它不顾人民群众的反对，召集了联合议会，使之作为人民的合法的立宪机关，通过新的议会选举法，新选出的议会应与国王商定新的宪法。选举应当是间接的，选民先选举若干选举人，选举人再选出议员。虽然遭到各种反对，这种两级选举制还是通过了。接着又要求联合议会允许发行数目相当于 2 500 万美元的公债，人民党反对，但是议会又同意了。

内阁的这些行为，促使人民党，或者——像它现在自己称呼的那样——民主党异常迅速地发展起来。这个以小手工业者小商人阶级为首的党，在革命之初曾经把大多数工人团结在自己的旗帜下；它要求法国已实行的那种直接的普遍的选举权，要求一院制的立法议会,要求完全和公开地承认3月18日的革命是新政府的体制的基础。这个党的较温和的一派认为可以对这样"民主化的"君主制表示满意;它的较先进的一派则要求彻底建立共和国。两派都同意承认德国法兰克福国民议会[24]为国家最高权力机关,而立宪派和反动派对这个机构的最高权力却怀着很大的恐惧,他们宣布说他们认为这个议会太革命了。

工人阶级的独立运动被革命暂时打断了。运动的直接要求和环境不允许把无产阶级党的任何特殊要求提到首位。事实上,当工人进行独立行动的场地尚未扫清,直接的普遍的选举权尚未实现,36个大小邦照旧把德国分成无数小块的时候,无产阶级党除了注视对自己具有极重要意义的巴黎运动,以及和小资产阶级一起共同争取那些使他们日后能够为自身的事业进行斗争的权利以外,还能做些什么呢?

因此,当时无产阶级党在其政治活动中根本不同于小资产阶级,或者更确切地说根本不同于所谓的民主党之处,主要只有三点:第一,对于法国的运动的评价不同,民主派攻击巴黎的极端派,而无产阶级革命者却维护他们;第二,宣布必须建立一个统一的、不可分割的德意志共和国[30],而民主派中最最激进的分子也只敢希望建立一个联邦共和国;第三,在一切场合都表现出革命的勇气和行动的决心,而这却是任何以小资产者为首并主要由他们组成的党永远不会有的。

无产阶级的或真正革命的党只是逐渐地使工人群众摆脱了民主派的影响,而在革命初期工人是跟着民主派跑的。但是在一定的时刻,民主派领袖们的优柔寡断和软弱怯懦起到了应有的作用,而现在可以说,过去几年的动荡的主要成果之一,就是在所有工人阶级相当集中的地方,工人们完全摆脱了民主派的影响,这种影响在 1848 年和 1849 年曾使他们犯了许多错误和遭到种种不幸。但我们不必去进行预测,这两年的事变将给我们充分的机会看到这些民主派先生们的实际行为。

普鲁士的农民,像奥地利的农民一样,曾经利用革命一举摆脱了一切封建枷锁,但其劲头较小,因为这里的农民所遭受的封建压迫一般来说不那么厉害。可是由于上述种种原因,这里的资产阶级立即转而反对自己最早的、最不可少的同盟者——农民。同资产者一样被所谓对私有财产的侵犯吓坏了的民主派,也不再支持农民;这样,在三个月的解放之后,在流血冲突和军事屠杀(尤其是在西里西亚)之后,封建制度便通过昨天还在反封建的资产阶级之手恢复了。再没有比这更可耻的事实可以用来谴责他们了。历史上从来没有任何一个党派这样出卖自己最好的同盟者,出卖自己。不管这个资产阶级党后来遭到怎样的侮辱与惩罚,单单由于它的这一种行为,它也完全是罪有应得。

1851 年 10 月于伦敦

［七　法兰克福国民议会］

读者大概还记得，我们在前六篇里叙述了德国的革命运动，直到维也纳3月13日和柏林3月18日两次人民的伟大胜利[36]。我们看到，在奥地利和普鲁士都建立了立宪政府，自由主义的或资产阶级的原则被宣布为未来整个政策的指导方针；这两大运动中心之间唯一显著的区别是：普鲁士的自由派资产阶级以康普豪森先生和汉泽曼先生这两位富商为代表，直接攫取了权柄；而奥地利的资产阶级所受的政治训练差得很远，自由派**官僚们**便走马上任，宣称自己是受资产阶级的委托来执掌政权。我们又看到，原来团结一致反对旧政府的各党派和各社会阶级，如何在胜利之后，或者甚至还在进行斗争的时候就四分五裂；而独享胜利果实的上述自由派资产阶级，如何立即转而反对它昨天的同盟者，如何对一切较先进的阶级或党派采取敌对态度，并且同战败的封建官僚势力结成同盟。事实上，早在革命剧开演时就可以看出，自由派资产阶级只有依靠较激进的人民党的援助，才能守住自己的阵地，抵抗那些已被击败但未被消灭的封建官僚党；另一方面，为了对付这些较激进的群众的冲击，自由派资产阶级又需要封建贵族和官僚的援助。所以，很明显，奥地利和普鲁士的资产阶级没有掌握足够的力量保持自己的政权并使一切国家机构适应于自己的需要和理想。自由派资产阶级的内阁不过是一个中间站。从这里,按照事态的发展情况,国家或者将走向更高级的阶段——统一的共和国,或者将重新堕入旧日封建教权主义的和官僚主义的**制度**中去。无论如何,真正的决战还在后面;三月事变只是战斗的开始。

奥地利和普鲁士在德国是居于支配地位的两个邦,因此维也纳或柏林的每个决定性的革命胜利,对全德国都有决定性的意义。这两个城市1848年三月事变的发展,决定了全德国事态的进程。所以,如果不是由于各小邦的存在而产生了一个机构——这个机构的存在本身正是德国的不正常状态的最显著的证据,正是最近这次革命半途而废的证据——那么本来无须再叙述各小邦所发生的运动,我们的确可以只限于研究奥地利和普鲁士的情况了。上述机构如此不正常,它所处的地位如此滑稽可笑,可是又如此自命不凡,可以说,在历史上将找不到**第二个这样的机构**。这个机构就是所谓的美因河畔法兰克福的**德国国民议会**[24]。

在维也纳和柏林的人民胜利之后,自然就产生了应当召开全德代表会议的问题。于是这个会议就被选举出来,在法兰克福开会,与旧的联邦议会[7]并存。人民希望德国国民议会解决一切有争议的问题,履行全德意志联邦[6]最高立法权力机关的职能。但召集国民议会的联邦议会,对于它的职权未作任何规定。谁也不知道它的法令是具有法律效力呢,还是需要经过联邦议会或各邦政府的批准。在这种混乱状况中,如果国民议会稍有一点力量,它就会把联邦议会这个在德国最不受欢迎的机构立即解散,使之寿终正寝,代之以从国民议会自己的议员中选举出来的人所组成的联邦政府。它就会宣布自己是德国人民的至高无上的意志的唯一合法代表,从而使自己的一切法令具有法律效力。最重要的是,它就会使自己在国内获得一支足以粉碎各邦政府的任何反抗的有组织的武装力量。在革命初期，这一切都是很容易做到的。但是要求一个主要是由自由派律师和**学究式的**教授们组成的议会做到这一点，那就未免太过分了，这个议会虽然自称体现了德国思想和学术的精华，而事实上它只是一个供老朽政客在全德国眼前表现他们不自觉的滑稽丑态和他们思想与行动上的无能的舞台。这个老太婆议会从存在的第一天起，就害怕最小的人民运动甚于害怕全德各邦政府的所有一切反动阴谋。它在联邦议会的监视之下开会，不仅如此，它几乎是恳求联邦议会批准它的各项法令，这是因为它的最初一些决议必须由这个可憎的机关发布。它不坚持自己的最高权力，反而故意回避讨论任何这一类危险的问题。它不把人民的武装力量聚集在自己周围，而是闭眼不看各邦政府的暴行，直接就来讨论议事日程上的问题。这个国民议会眼看着美因茨实行戒严，该城的居民被解除武装，竟不闻不问。后来它选举了奥地利的约翰大公做德国的摄政王，并宣称自己的一切决议都具有法律效力。但约翰大公只是在获得了各邦政府的同意之后才荣登新的高位，而且这不是由国民议会而是由联邦议会授予的。至于国民议会的法令的法律效力，这一点从来没有被各大邦政府所承认，而国民议会本身也不坚持，因此仍然是一个悬案。总之，我们看到一种奇异的景象：一个议会宣称自己是伟大的主权民族的唯一合法代表，但它从来既没有愿望也没有力量迫使别人承认自己的要求。这个机构中的辩论没有任何实际结果，甚至也没有任何理论价值，只不过是重复一些陈腐不堪的哲学学派和法学学派的最乏味的老生常谈；人们在这个议会中所说的，或者毋宁说是所嘟哝的每一句话，报刊上早已刊登过一千次，而且比他们说得要好一千倍。

总之,这个自称为德国新的中央政权的机构,使一切都保持原来的状态。它根本没有实现人们久已渴望的德国的统一,连统治德国的各邦君主中最无足轻重的君主也没有废除;它没有加强德国各个分散的省份之间的联系;它从未采取任何步骤去摧毁分隔汉诺威和普鲁士、分隔普鲁士和奥地利的关税壁垒;它甚至完全没有打算废除在普鲁士到处妨碍内河航行的苛捐杂税。但是,这个议会做得越少,却喧嚷得越厉害。它建立了一个纸面上的德国舰队;它兼并了波兰和石勒苏益格;它允许德意志的奥地利对意大利作战,但在奥地利人安全退入德境时却禁止意大利人追击;它对法兰西共和国连呼万岁,并接纳了匈牙利的使者,后者回国时对德国的了解无疑是比出使时更加糊涂了。

在革命之初,全德各邦政府曾把这个议会看做一个可怕的怪物。它们估计这个议会可能采取十分专断而革命的行动,因为它的权限极不明确——当时对它的权限问题不作明确规定是必要的。于是,为了削弱这个可怕的机构的影响,各邦政府策划了一整套十分周密的阴谋;但事实证明,它们的幸运胜过聪明才智,因为这个议会替各邦政府办事比它们自己办得还要好。这些阴谋中主要的一招,就是召开地方的立法议会。结果,不仅各小邦召开了它们的立法议会,连普鲁士和奥地利也召开了制宪议会。在这些议会里,像在法兰克福议会里一样,也是自由派资产阶级或它的同盟者——自由派律师和官僚占据多数,而且所有这些议会的工作情况几乎完全一样,唯一的区别是:德国国民议会是一个假想的国家的议会,因为它拒绝建立它自身赖以存在的首要条件——统一的德国;它讨论一些它自己创造出来的假想的政府的各种假想的、永远不能实现的措施,它通过了一些谁也不感兴趣的假想的决议。

而奥地利和普鲁士的制宪议会至少还是真正的议会,它们推翻了
旧内阁并且任命了真正的内阁,而且至少曾一度强迫它们与之进
行斗争的各邦君主实行它们的决议。它们也是怯懦的,也缺乏作
出革命决断的远大见识;它们也背叛了人民,把政权交还给了封建
的、官僚的和军事的专制制度。但当时它们至少还是被迫讨论了
一些有关目前利益的实际问题,被迫同别人一起生活在地上;而法
兰克福的吹牛家们却以在"**梦想的空中王国**"①里遨游为无上的快
乐。因此,柏林和维也纳制宪议会的辩论构成德国革命史的重要
的一章,而法兰克福这群笨伯的苦心佳作,却只能使文献和古董收
藏家感兴趣。

德国人民深深感到必须消除可恨的疆土分裂状态,因为这种
状态分散和抵消了民族的集体力量,他们曾一度希望法兰克福国
民议会至少是一个新纪元的开端,但这群自作聪明的蠢人的幼稚
行为很快就使全国的热情冷却了。签订马尔默停战协定**37**这一可
耻行为(1848 年 9 月),使人民怒不可遏地起来反对这个议会;他
们本希望它会给民族提供一个自由的活动场所,但它却无比怯懦
而不知所措,只是使现在的反革命制度借以建立的各种基础恢复
了它们从前的稳固。

1852 年 1 月于伦敦

---

① 海涅《德国——一个冬天的童话》第 7 章。——编者注

[八 波兰人、捷克人和德意志人]

从以上几篇的叙述中已经可以明显看出,除非1848年三月革命后紧接着再来一次新的革命,否则德国就不可避免地要恢复到这次事变以前的状态。但我们现在试图略加阐述的历史问题,性质非常复杂,因此,如果不考虑到可以称之为德国革命的国际关系的种种情况,便不能够充分了解后来的一些事件。而这些国际关系也像德国内部情形一样复杂。

大家都知道,在过去1 000年中,整个德国东半部,直到易北河、萨勒河和波希米亚林山,已经从斯拉夫族的入侵者手里夺回来了。这些地区的大部分都已日耳曼化,以至斯拉夫的民族性和语言几百年以前就已经完全消失;如果我们把少数完全孤立的残余(总共不到10万人,包括波美拉尼亚的卡舒布人、卢萨蒂亚的文德人或索布人)除外,这些地区的居民都已经是地地道道的德意志人了。但在所有同旧波兰接壤的地带和捷克语国家,在波希米亚和摩拉维亚,情形就不同了。在这些地方,两个民族在每个区域都混居杂处,城市一般地说在不同程度上属于德意志人,而农村中则是斯拉夫人占优势,不过在农村中斯拉夫人也因德意志人势力的不断增强而逐渐被瓦解和排挤。

造成这种情况的原因是:自从查理大帝时代以来,德意志人就十分坚决顽强地力求征服欧洲东部,把它殖民地化,或至少文明化。封建贵族在易北河与奥得河之间所进行的征服,武装骑士团在普鲁士和立窝尼亚一带所建立的封建殖民地,只是为德国工商业资产阶级所实行的一个规模更大和更有效得多的日耳曼化计划奠定了基础,因为在德国,正如在西欧其他国家一样,从 15 世纪起,资产阶级的社会和政治作用增长起来了。斯拉夫人,尤其是西方的斯拉夫人(波兰人和捷克人),主要是从事农业的民族,他们从来不怎么重视工商业。结果,随着这些地区人口的增加和城市的兴起,一切工业品的生产便落在德意志人移民的手里,这些商品与农产品的交换完全被犹太人所垄断,而这些犹太人,如果说他们属于什么民族的话,那么在这些国家里,他们当然与其说属于斯拉夫人,不如说属于德意志人。整个东欧的情形都是如此,虽然程度略轻。在彼得堡、佩斯、雅西,甚至在君士坦丁堡,直到今天,手工业者、小商人、小厂主都还是德意志人,而放债人、酒店老板和小贩(在这些人口稀少的国家,这种人是非常重要的)则大多数是犹太人,他们的母语是一种讹误百出的德语。在边境各斯拉夫人地区,德意志人的重要性随着城市和工商业的发达而增加,而当事实表明几乎一切精神文化都必须从德国输入时,他们的重要性就更大了。继德意志商人和手工业者之后,德意志牧师、教员和**学者**也到斯拉夫人的土地上安家立业。最后,侵略军的铁蹄或审慎周密的外交手段,不仅跟随在由于社会发展而发生的缓慢的但是肯定无疑的非民族化过程的后面,而且常常走在它的前面。因此,自从第一次瓜分波兰[38]以后,由于把官地卖给或赐给德意志殖民者,由于奖励德意志资本家在这些混居地区建立工业企业等等,以及由于经常对该地波兰居民采取极端横暴的手段,西普鲁士和波森的大部分就日耳曼化了。

因此,近70年来,德意志民族和波兰民族间的分界线完全改变了。1848年的革命,立即唤醒一切被压迫民族起来要求独立和自己管理自己事务的权利;所以很自然,波兰人也立即要求恢复他们在1772年以前旧波兰共和国疆界以内的国家。的确,就在当时,这个疆界作为德意志民族与波兰民族的分界线也已经过时了,而此后随着日耳曼化的进展,它更是一年比一年过时了;但是,既然德意志人当时曾经那样热情地宣布他们赞助波兰复国,那么,要求他们放弃**他们**所掠得的一部分领土作为体现他们同情心的第一个证据,也就是理所当然的了。但另一方面,应不应该把主要是德意志人居住的大块大块的土地和完全属于德意志人的大城市,让给一个从未证明自己能够摆脱以农奴制为基础的封建状态的民族呢?这个问题十分复杂。唯一可能的解决方法是同俄国开战。那时,革命化了的各民族间的划界问题就会成为次要问题,而主要问题就将是确立一个对付共同敌人的安全的疆界。波兰人如果在东方获得广大的领土,他们在西方的要求便会比较温和而合理;总而言之,对他们来说,里加和米塔瓦也会同但泽和埃尔宾一样重要。因此,德国的先进政党认为,要支持大陆上的运动,就必须对俄国开战,而且它深信,即使是部分地恢复波兰的民族独立,也必然要引起这样的战争,所以它支持波兰人。而当权的自由派资产阶级党却很清楚地预见到,反对俄国的民族战争将使它自身崩溃,因为这种战争一定会使更活跃、更积极的人掌握政权;因此,它装出一副热心于德意志民族的扩张的样子,宣布普属波兰,即波兰革命鼓动的中心,是未来的德意志帝国的一个不可缺少的组成部分。在热情高涨的最初几天向波兰人许下的诺言,被可耻地背弃了。经政府批准而组成的波兰军队,被普鲁士的炮兵击溃和屠杀;到1848年4月,即柏林革命后六个星期,波兰的运动就被镇压下去了,而且波兰人和德意志人之间旧有的民族敌视复活了。为俄国专制君主①立下这份无法估量的巨大功劳的是自由派商人阁员康普豪森和汉泽曼。应当附带说明,这次对波兰的战役,是改组和鼓舞普鲁士军队的第一步,正是这支军队后来推翻了自由派政党,摧毁了康普豪森先生和汉泽曼先生辛辛苦苦促成的运动。"恶有恶报"②,这就是从赖德律-洛兰到尚加尔涅、从康普豪森到海瑙,所有这些1848年和1849年的暴发户的共同的命运。

民族问题在波希米亚引起了另一场斗争。在这个居住着200万德意志人和300万捷克语斯拉夫人的地区,有不少伟大的历史事迹几乎都与捷克人先前的霸权相联系。但自从15世纪的胡斯战争**39**以后,斯拉夫族的这一支脉的势力就被摧毁了。捷克语地区分裂了:一部分形成了波希米亚王国,另一部分形成了摩拉维亚公国,第三部分——斯洛伐克人居住的喀尔巴阡山地则归入匈牙利。从那时起,摩拉维亚人和斯洛伐克人就已失掉一切民族意识和民族生命力的痕迹,虽然在很大程度上还保留着他们的语言。波希米亚被德意志人的地区三面包围。德意志人在波希米亚境内做出了很大的成绩,甚至在首都布拉格,这两个民族也完全势均力敌;而资本、商业、工业和精神文化则普遍掌握在德意志人手里。捷克民族的头号卫士帕拉茨基教授本人就是一个发了狂的博学的德意志人,直到今天他还不能正确地、不带外国腔调地讲捷克语。

---

① 亚历山大一世。——编者注
② 引自《旧约外传·所罗门智训》。——编者注

但是就像常有的情形那样,垂死的捷克民族——最近 400 年历史上的一切事实都证明它是垂死的——于 1848 年作了最后一次努力来恢复它从前的生命力,而这次努力的失败,撇开一切革命方面的考虑不谈,足以证明波希米亚此后只能作为德国的一个组成部分而存在,即使它的一部分居民在几百年之内继续说非德意志的语言。

1852 年 2 月于伦敦

[九　泛斯拉夫主义。
石勒苏益格—荷尔斯泰因的战争]

　　波希米亚和克罗地亚(斯拉夫族的另一个离散的成员,它受匈牙利人的影响,就像波希米亚人受德意志人的影响一样),是欧洲大陆上所谓"**泛斯拉夫主义**"的发源地。波希米亚和克罗地亚都没有强大到自身足以作为一个民族而存在。它们各自的民族性都已逐渐被种种历史原因的作用所破坏,这些原因必然使它们为更强大的种族所并吞,它们只能寄希望于通过和其他斯拉夫民族联合起来而恢复一定的独立性。波兰人有 2 200 万,俄罗斯人有 4 500 万,塞尔维亚人和保加利亚人有 800 万,为什么不把所有这 8 000 万斯拉夫人组成一个强有力的联邦,把侵入神圣的斯拉夫族领土的土耳其人、匈牙利人,尤其是那可恨而又不可缺少的 *Niemetz* 即德意志人驱逐出去或消灭掉呢? 于是,就从几个斯拉夫族的历史学**爱好者**的书斋里发起了一个荒唐的、反历史的运动,其目的无非是要使文明的西方屈服于野蛮的东方,城市屈服于乡村,商业、工业和文化屈服于斯拉夫农奴的原始农业。但在这种荒唐的理论之后,还站着**俄罗斯帝国**这一可怕的现实;这个帝国的一举一动都暴露出它想把整个欧洲变成斯拉夫族,尤其是斯拉夫族的唯一强有力的部分即俄罗斯人的领土的野心;这个帝国虽有圣彼得堡和莫斯科两个首都,但只要被每个俄国农民视为其宗教和国家的真正首都的"**沙皇之城**"(君士坦丁堡,俄文为沙皇格勒,即沙皇城)还没有成为俄国皇帝的真正的都城,这个帝国就还没有找到自己的重心。过去 150 年以来,这个帝国在它所进行的每次战争中不仅从未失掉领土,而且总是获得领土。在中欧,人所共知,俄罗斯的政策是用种种阴谋手段支持新式的泛斯拉夫主义体系,这个体系的发明最适合于它的目的。因此波希米亚和克罗地亚的泛斯拉夫主义者有的是自觉地、有的是不自觉地为俄国的直接利益服务;他们为了一个民族的幻影而出卖了革命事业,而这个民族的命运至多也不过同俄国统治下的波兰民族的命运一样。然而必须对波兰人加以赞扬:他们从来没有真正陷入这个泛斯拉夫主义的圈套;至于少数贵族变成了狂热的泛斯拉夫主义者,那是由于他们知道,他们在俄国统治下所受的损失,要比他们在自己的农奴起义时所受的损失轻微一些。

后来波希米亚人和克罗地亚人在布拉格召开了一个斯拉夫人代表大会[40],筹备成立一个斯拉夫人大同盟。即使没有奥地利军队的干涉,这个大会也会遭到惨败。几种斯拉夫语言各不相同,就像英语、德语和瑞典语各不相同一样;因此在会议开始以后,那些发言人都无法讲一种大家都能听懂的共同的斯拉夫语言。曾经试用法语,但大多数人也不懂,于是,这些可怜的斯拉夫族狂热分子——他们的唯一的共同感情就是对德意志人的共同仇恨——最后不得不用与会者都听得懂的唯一语言,即可恨的德语来表达意见!但正在这个时候,在布拉格也召开了另外一个斯拉夫人代表大会,参加这个大会的是加利西亚人的轻骑兵、克罗地亚人和斯洛伐克人的掷弹兵、波希米亚人的炮兵和重骑兵,而这个真正的武装的斯拉夫人代表大会在文迪施格雷茨的指挥之下,不到 24 小时就把假想的斯拉夫人霸权的这些奠基者们驱逐出城,并把他们赶得东逃西散了。

奥地利制宪议会中的波希米亚、摩拉维亚、达尔马提亚的代表和一部分波兰的代表(贵族),在这个议会中对德意志代表发动了有计划的斗争。德意志人和一部分波兰人(破产的贵族)在这个议会中是革命进步势力的主要支持者。对他们采取反对态度的大多数斯拉夫族代表,并不满足于这样明确表露自己整个运动的反动倾向,他们竟下贱地同驱散他们的布拉格会议的奥地利政府暗中勾结。他们的这种卑鄙的行为也得到了报应。斯拉夫代表在 1848 年十月起义(归根到底正是这次起义使他们在制宪议会中获得了多数)时支持政府,而在这之后,现在这个几乎是清一色的斯拉夫人的议会,也像布拉格代表大会一样被奥地利军队驱散了,这些泛斯拉夫主义者还被警告说,他们如果再有所动作,就将被关进监狱。他们得到的只是这样一个结果:斯拉夫人的民族性现在到处都被奥地利的中央集权所摧毁,而这是他们的幻想和愚蠢所应得的。

如果匈牙利和德国的边境问题还有任何疑问,那也一定会引起另一场争端。但是,幸亏没有任何口实,而且两个民族的利益密切相连,他们一起反对共同的敌人——奥地利政府和泛斯拉夫主义狂热。相互的善意谅解一刻也没有受到损害。但是意大利的革命至少使德国的一部分陷入了自相残杀的战争,而在这里必须指出一个事实,1848 年的头六个月曾经在维也纳参加街垒战斗的人又满腔热情地参加了与意大利爱国者作战的军队,这证明梅特涅的统治多么严重地阻碍了社会意识的发展。不过,这种可悲的思想混乱并没有继续多久。

最后,还因为石勒苏益格—荷尔斯泰因而发生了与丹麦的战争。这两个地方在民族、语言和感情方面无疑都是德意志的,而从军事、海运和商业方面说,也是德国所需要的。这两地的居民在过去三年中曾经顽强地反对丹麦人的入侵。此外,根据条约,正义在他们方面。三月革命使他们与丹麦人发生公开冲突,德国援助了他们。可是,虽然在波兰、意大利、波希米亚,以及后来在匈牙利,战事进行得十分激烈,但在这个唯一得人心的、唯一至少具有部分革命性的战争中,却让部队采取了一系列毫无意义的前进和后撤行动,甚至屈从外国的外交干涉,在进行了许多次英勇的战斗之后,导致了十分悲惨的结局。德国各邦政府在这次战争中抓住一切机会出卖石勒苏益格—荷尔斯泰因的革命军队,故意让丹麦人在这支军队被分散或分开的时候把它消灭,由德意志志愿兵组成的部队也遭到同样的待遇。

虽然德国的名字遭到普遍的憎恨,而德国各立宪派和自由派的政府却扬扬得意。它们把波兰人和波希米亚人的运动镇压下去了。它们到处重新挑起旧日的民族仇恨,这种仇恨直到今天还使德意志人、波兰人和意大利人彼此间不能有任何谅解和共同行动。它们使人民习惯于内战和军队镇压的场面。普鲁士军队在波兰,奥地利军队在布拉格都恢复了自信。当满怀着过分的爱国激情(即海涅所谓的"die patriotische Überkraft")①的、热心革命但目光短浅的青年被引导到石勒苏益格和伦巴第去在敌人的霰弹下送死的时候,普鲁士和奥地利的正规军这些真正的作战工具,却得到机

---

① 海涅《夜巡来到巴黎》。——编者注

会以战胜外国人来重新赢得人心。但是我们要再说一遍:这些被自由派加强起来当做反对较先进的党派的作战工具的军队,刚刚在某种程度上恢复它们的自信和纪律,便翻脸反对自由派,而把政权交还给了旧制度的代表人物。当拉德茨基在阿迪杰河彼岸他的军营中接到维也纳的"责任大臣们"的第一批命令时,他大喊道:"这些大臣是些什么人? 他们并不是奥地利政府! 奥地利现在只存在于我的军营中;我和我的军队就是奥地利;等将来我们把意大利人打败,我们就要为皇帝夺回帝国!"老拉德茨基是对的。但维也纳的没有头脑的"责任"大臣们却没有注意他。

1852 年 2 月于伦敦

［十　巴黎起义。法兰克福议会］

　　早在 1848 年 4 月初,整个欧洲大陆上的革命洪流已经被那些从最初的胜利中获得利益的社会阶级同战败者立即缔结的联盟挡住了。在法国,小资产阶级和共和派资产阶级,同保皇派资产阶级联合起来反对无产阶级;在德国和意大利,胜利的资产阶级急忙乞求封建贵族、政府官僚和军队帮助他们对付人民群众和小资产者。联合起来的保守的和反革命的党派,很快又获得了优势。在英国,发动得不适时和准备得不充分的人民示威(4 月 10 日),使从事运动的党派遭到了彻底的决定性的失败。[41]在法国,两次类似的运动(4 月 16 日[42]和 5 月 15 日[43])也同样被击败了。在意大利,炮弹国王在 5 月 15 日一举恢复了政权。[44]在德国,各个新的资产阶级政府和它们的制宪议会都巩固了自己的地位;如果说在维也纳,多事的 5 月 15 日使人民获得了胜利,那么这毕竟只是一个次要的事变,可以认为这是人民的能量的最后一次胜利的闪耀。在匈牙利,运动看来是转入了完全合法的平静的轨道;至于波兰的运动,我们在前面一篇中已经提到,它刚刚萌芽就被普鲁士的刺刀镇压下去了。但是这一切并没有确定事态的最后结局,各革命党派在各国失去的每一寸土地,只是使它们更加团结自己的队伍,投入决定性的战斗。

决定性的战斗已经临近了。它只能在法国爆发;因为当英国没有参加革命战斗而德国仍然四分五裂的时候,法国由于国家的独立、文明和中央集权,是唯一能够推动周围各国发生强烈震动的国家。所以,当1848年6月23日巴黎的流血斗争[45]开始的时候,当接二连三的电报和信件使欧洲越来越清楚地看到这次斗争是在工人群众为一方和得到军队援助的巴黎居民的其他一切阶级为另一方之间进行的这样一个事实的时候,当战斗以现代内战史上前所未有的激烈程度打了好几天,但双方都没有得到明显的胜利的时候,每个人都清楚地看到,这是一次伟大的决战,如果起义胜利,整个欧洲大陆就会掀起新的革命浪潮,如果起义失败,反革命统治就会至少暂时恢复。

巴黎的无产者被击败、被屠戮、被摧毁到这样的程度,以致直到现在他们还没有恢复元气。在整个欧洲,新旧保守分子和反革命分子都立即肆无忌惮地抬起头来,这说明他们对这次事变的重要性了解得十分清楚。他们到处压制报刊,限制集会结社权,利用外地任何一个小城镇发生的任何细小事件来解除人民的武装,宣布戒严,并且用卡芬雅克传授给他们的新的策略和手段训练军队。此外,二月革命以后,大城市里的人民起义是不可战胜的这种说法第一次被证明是一种幻想;军队的荣誉恢复了;以前经常在重大的巷战中失败的队伍,现在重新获得了信心,相信自己也能胜任这样的斗争了。

在巴黎工人的这次失败之后,德国的旧封建官僚党便开始采取积极的步骤并制定明确的计划,甚至抛弃他们暂时的同盟者资产阶级,使德国恢复到三月事变以前的状态。军队又成为这个国家中的决定力量,而军队已不属于资产阶级而属于它自己了。甚至在普鲁士,那里一部分下级军官在1848年以前十分倾向于立宪制度,革命在军队中引起的混乱又使这些理智的年轻人像从前一样忠于职守了,只要普通士兵对于长官们稍微随便一点,长官就会立刻感到纪律和绝对服从的必要。被击败的贵族和官僚们现在开始看到自己的出路。空前团结的军队由于在镇压小规模起义和对外战争中取得胜利而扬扬得意,羡慕法国士兵刚刚获得的大胜利。只要使这个军队不断和人民发生小冲突,一旦决定性的时刻到来,它就能够以强有力的一击粉碎革命党人,并把资产阶级议员们的傲慢不逊一扫而光,而进行这样一次决定性的打击的时刻很快就到来了。

关于德国各党派夏季所从事的那些有时令人感到新奇而多半令人感到厌烦的议会辩论和地方性斗争,我们就不谈了。只需要说明一点:资产阶级利益的维护者虽然在议会里取得多次胜利,但没有一次得到过任何实际效果,他们普遍感到,他们介于两个极端党派之间的地位一天天变得更不稳固了;因此,他们不得不今天力求同反动派结盟,明天又向比较民主的党派讨好。这种不断的摇摆使舆论界对他们嗤之以鼻,而按照事态发展的趋向来看,他们受人轻蔑,暂时主要是有利于官僚和封建主们。

到了秋初,各党派之间的关系已极其尖锐而紧张,使决战成为不可避免的了。民主派革命群众同军队之间在这场战争中的最初战斗发生在法兰克福。[46]虽然这次战斗并不十分重要,但是军队却是第一次在这里取得相对于起义的显著优势,而这产生了很大的精神上的效果。普鲁士根据十分明显的理由允许法兰克福国民议会[24]所建立的虚有其名的政府同丹麦签订停战协定[37],这个协定不但把石勒苏益格的德意志人交给丹麦人去横加报复,而且也完全否认了在丹麦战争中公认的多少带有革命性的原则。法兰克福议会以两三票的多数否决了这个停战协定。在这次表决之后发生了虚假的内阁危机。而三天以后议会重新审查了自己的决议,实际上取消了这个决议而承认了停战协定。这种可耻的行为激起了人民的愤怒。人们筑起了街垒,但法兰克福调来了足够的军队,经过六小时的战斗,起义便被镇压下去了。这次事件在德国其他地方(巴登、科隆)引起的类似的但声势不大的运动,也同样被镇压下去了。

这次前哨战给反革命党派带来了一个很大的好处:完全由人民选举出来(至少表面上是这样)的唯一政府——法兰克福帝国政府,现在也像国民议会一样,在人民心目中破产了。这个政府和这个议会都不得不用军队的刺刀来反对人民意志的表现。它们已名誉扫地,虽然它们以前多少还能得到一点尊敬,但这次的忘本行为和这种依赖反人民的各邦政府及其军队的做法,却使帝国的摄政王①,使他的大臣们和议员们此后都变成了毫无意义的摆设。我们不久就会看到,最先是奥地利,接着是普鲁士,后来是各小邦,都怎样轻蔑地对待这群无能的梦想家所发出的每一道命令、每一项要求、每一次委派。

现在我们来谈谈法国六月战斗在德国所引起的强有力的反响,来谈谈对德国有决定意义的——就像巴黎无产阶级的斗争对法国那样——事变。我们是指 1848 年 10 月维也纳的起义[47]和随之而来的对维也纳的攻击。但这次斗争的意义十分重大,说明对这次事件的进程产生比较直接影响的种种情况需要占

---

① 奥地利大公约翰。——编者注

《论坛报》[1]很大篇幅，因此我们不得不专门写一篇通讯来加以阐述。

1852 年 2 月于伦敦

[十一　维也纳起义]

现在我们来谈谈一个有决定意义的事变,即 1848 年 10 月的维也纳起义,它是巴黎六月起义在德国的革命的对应物[1],它使优势一下子转到了反革命党派方面。

我们已经看到,3 月 13 日革命[36]胜利以后维也纳各阶级的状况如何。我们也已经看到,德意志的奥地利的运动如何同非德意志的奥地利各省的事变交错在一起并受到后者的阻碍。所以,我们现在只要简短地叙述一下引起德意志的奥地利这次最后且最勇猛的起义的原因就可以了。

上层贵族和做证券交易的资产阶级是梅特涅政府的非官方的主要支柱,他们在三月事变后仍然能够保持对政府的决定性影响。这是因为他们不仅利用了宫廷、军队和官僚,而且在更大程度上利用了在资产阶级当中迅速蔓延的对"无政府状态"的恐惧。他们很快就大胆地放出了一些试探气球,这就是:新闻出版法[48]、不伦

---

① 1852 年 3 月 19 日《纽约每日论坛报》上的原文"which formed the counter-revolutionary party in Germany, to the Parisian insurrection of June…" 可能是印刷错误。《马克思恩格斯全集》英文版第 11 卷第 54 页上将这句话改为"which formed the revolutionary counterpart in Germany to the Parisian insurrection of June…"。——编者注

不类的贵族宪法和以旧日的"等级"区分为基础的选举法[49]。由怯懦无能的半自由派官僚组成的所谓宪制内阁,5月14日竟敢直接攻击群众的革命组织,解散了国民自卫军代表和大学生军团[33]代表的中央委员会(这个团体是专门为了监督政府并且在必要时动员人民群众的力量来反对它而组织的)。但这一行动激起了5月15日的起义,因此政府被迫承认了上述委员会,取消了宪法和选举法,并且授权由普选产生的制宪议会来制定新的根本法。这一切都由第二天的圣谕确认了。但是在内阁中拥有代表的反动党派,不久就促使自己的"自由派"同僚向人民的胜利成果发动新的进攻。大学生军团是从事运动的党派的堡垒,是经常的鼓动的中心,正因为如此,它就为较温和的维也纳市民所厌恶。5月26日,内阁下令把它解散。如果只是由一部分国民自卫军来执行这个命令,这次打击也许能够成功,但是政府连国民自卫军也不相信,它调动了军队,于是国民自卫军立即倒戈,和大学生军团联合起来,从而破坏了内阁的计划。

但是与此同时,皇帝①和他的宫廷却于5月16日离开维也纳,逃往因斯布鲁克。在这里,他们被狂热的蒂罗尔人所包围,这些人由于看到撒丁—伦巴第的军队有入侵自己国家的危险,所以他们对皇室的忠心重新激荡起来;他们可以依靠驻在附近的拉德茨基的军队的支持,因斯布鲁克就在该军的大炮的射程之内。在这里,反动党派找到了一个避难所,可以摆脱任何监督和注视,毫无危险地集结自己已被击溃的力量,修补自己的阴谋之网,再次撒向全国。和拉德茨基、耶拉契奇、文迪施格雷茨以及各省行政官僚

---

① 斐迪南一世。——编者注

中可信赖的人们之间的联系恢复了,开始同斯拉夫族领袖们策划阴谋;这样一来,由反革命的宫廷奸党所掌握的一股真正的势力便形成了,而维也纳的无能的大臣们却只能在与革命群众不断的冲突中,在关于即将成立的制宪议会的辩论中败坏自己短暂而低微的声誉。因此,对首都的革命运动暂时听之任之的政策,在法国那样一个中央集权的统一国家中会使从事运动的党派变得无比强大,而在奥地利这样一个五光十色的政治结合体里则是重新组织反动力量的最可靠的方法之一。

维也纳的资产阶级以为,宫廷党在连续遭到三次失败之后,而且面临着由普选产生的制宪议会,已经不再是一个可怕的对手了,于是就越来越陷入厌倦和冷漠,总是呼吁遵守秩序和保持镇静;这个阶级在剧烈的动荡和由此产生的工商业混乱之后就已经有了这样的情绪。奥地利首都的工业,几乎只是生产奢侈品,而对奢侈品的需求,自从革命爆发和宫廷逃亡以后,当然是大大缩小了。要求恢复正常的政府组织和宫廷还都(这二者都被指望会带来商业的重新繁荣),现在已成为资产阶级的普遍呼声。7月间制宪议会的召开被当做革命时代的终结而受到热烈欢迎;宫廷还都也受到同样的欢迎[50],而宫廷在拉德茨基在意大利获胜和多布尔霍夫反动内阁上台之后,感到自己已经足以抵挡住人民的浪潮,同时它认为也需要回到维也纳以完成它同在议会中占多数的斯拉夫议员策划的阴谋。当制宪议会讨论把农民从封建束缚下解放出来并且免除他们为贵族服劳役的法律的时候,宫廷耍了一个巧妙的手腕。8月19日,皇帝①被安排去检阅国民自卫军,皇室、廷臣和将军们竞

---

① 斐迪南一世。——编者注

相恭维这些武装的市民,这些市民看到自己被公开承认为国家的一支重要力量而扬扬得意。紧接着发布了一道由内阁中唯一有声望的大臣施瓦策先生签署的命令,取消国家一向发给失业工人的补助金。诡计得逞了。工人阶级举行了示威;资产阶级的国民自卫军宣称拥护他们的大臣的命令;他们向"无政府主义者"进攻,像猛虎一样扑向手无寸铁、毫未抵抗的工人,在8月23日那天屠杀了许多工人。革命力量的团结和实力就这样被摧毁了。资产阶级和无产阶级之间的阶级斗争,在维也纳也演变成了流血的搏斗,而反革命的宫廷奸党则看到,它可以进行致命打击的日子已经临近了。

匈牙利的事态很快就给反革命的宫廷奸党提供了一个机会,公开宣布他们行动中所要遵循的原则。10月5日官方的《维也纳日报》[51]发表一道皇帝敕令(敕令没有一个匈牙利责任大臣副署),宣布解散匈牙利议会并且任命克罗地亚总督耶拉契奇做该国的军政首脑;耶拉契奇是南方斯拉夫反动派的领袖,他实际上与匈牙利合法政权处于交战状态。同时,维也纳的部队奉令出动,加入支持耶拉契奇政权的军队。可是,这么一来马脚就过于明显地露出来了;每一个维也纳人都觉得,向匈牙利开战,就等于向立宪制度的原则开战。这个原则在这个敕令中已经遭到蹂躏,因为皇帝企图不经责任大臣的副署就使自己的命令发生法律效力。10月6日,人民、大学生军团和维也纳的国民自卫军举行了大规模的起义,阻止部队出发。一些掷弹兵转到人民方面来;人民的武装力量和部队发生了短时间的冲突;陆军大臣拉图尔被人民杀死,到晚间人民取得了胜利。在施图尔韦森堡被佩尔采尔击败的耶拉契奇总督,这时逃到了维也纳附近的德意志的奥地利领土上。

本应开去援助他的维也纳卫戍部队,现在也对他采取显然敌对和戒备的态度;皇帝和宫廷再次逃亡,逃到了半斯拉夫人的领土奥尔米茨。

宫廷在奥尔米茨的处境和它从前在因斯布鲁克时的处境完全不同。它现在已经能够直接进攻革命了。它被成群流入奥尔米茨的制宪议会的斯拉夫族议员,以及帝国各个部分的斯拉夫族狂热分子所包围。在他们看来,这次战役应当是斯拉夫人复兴的战争,是歼灭侵入他们认为是斯拉夫人领土的两个入侵者——德意志人和马扎尔人——的战争。布拉格的征服者,现在集结在维也纳四周的军队的司令官文迪施格雷茨,一下子变成了斯拉夫民族的英雄。他的军队迅速地从各方面集中。一团一团的军队从波希米亚、摩拉维亚、施蒂里亚、上奥地利和意大利开往维也纳,与耶拉契奇的部队和原来的首都卫戍部队会合。这样,到10月底就集结了6万多人,他们立刻从四面八方把帝国的首都包围起来,到10月30日,他们已经推进到可以大胆发动决定性攻击的位置了。

这时,维也纳一片混乱与无措。资产阶级刚刚获得胜利,就又对"无政府主义的"工人阶级抱定从前那种不信任的态度。工人们也还清楚地记得六个星期以前武装的生意人对待他们的态度,记得整个资产阶级的摇摆不定的政策,因此不愿意指靠他们去保卫维也纳城,而要求获得武器,成立自己的军事组织。热望与君主专制作斗争的大学生军团,完全不能了解两个阶级彼此隔膜的真正原因,或者说完全不能了解当前局势的需要。公众思想混乱,各领导机构也是一片混乱。议会中剩下的人,即德意志族议员和几个给自己在奥尔米茨的朋友做侦探的斯拉夫族议员(几个革命的波兰议员除外)没完没了地开会。但是他们并不采取坚决的行动,却把全部时间消耗在能不能不越出宪法惯例的范围抵抗帝国军队这种无聊的辩论上。差不多全部由维也纳各民众团体的代表组成的安全委员会虽然决心抵抗,但其中起决定作用的多数是市民和小生意人,这些人永远不允许它采取坚决果敢的行动路线。大学生军团[33]的委员会虽然通过了一些英勇的决议,但它根本不能掌握领导权。不受信任、没有武装、也没有组织起来的工人阶级,刚刚解脱旧制度的精神枷锁,刚刚觉醒,尚未认识到而只是本能地感觉到自己的社会地位和应当采取的政治行动路线。他们只能在喧嚷的示威中表现自己;不能指望他们去克服当时的种种困难。但是只要能得到武器,他们是准备战斗到底的,在德国革命时期他们一向都是这样。

　　这就是维也纳当时的情形。在城外,经过整编的奥地利军队,由于拉德茨基在意大利的胜利而士气大振,其人数共有六七万,装备精良、组织良好,尽管指挥不力,但至少总还有指挥官。在城内,人心惶惶,阶级矛盾重重,一片混乱;国民自卫军有一部分决定根本不打,一部分犹豫不决,只有一小部分准备行动;无产阶级群众虽然人数众多,但是没有领袖,没有受过任何政治教育,容易惊慌失措,或者几乎是无缘无故地怒不可遏,盲目听信一切流言飞语;他们决心战斗,但是至少开始是没有武装的,而当最后被带去打仗的时候,也是装备不全、组织很差;议会束手无策,在火差不多已经烧着屋顶的时候,还在讨论一些琐碎的理论问题;领导委员会[52]既无魄力,又无能力。一切情形都与3月和5月的那些日子不同了,那时反革命营垒中一片混乱,唯一有组织的力量是革命所创造的力量。这样一场斗争的结局如何,几乎是毋庸置疑的;如果还有什么疑问,那么10月30、31日和11月1日的事变也已经作出解答了。

1852年3月于伦敦

[十二 对维也纳的攻击。
对维也纳的背叛]

　　当文迪施格雷茨调集的军队最终对维也纳发动进攻的时候，能够用于防御的兵力极其不足。国民自卫军只有一部分可以调到战壕中去。不错，无产阶级的自卫军最后终于仓促组成了，但是决定这样来利用人数最多、最勇敢、最坚决的这一部分居民为时已晚，所以他们未能充分学会使用武器和受到最基本的军纪训练，因而不能胜利地抗击敌人。因此，有三四千之众、训练有素、纪律严明、勇敢热情的大学生军团[33]，从军事观点来说便成为能够胜任自己任务的唯一的一支部队了。但他们，再加上少数可靠的国民自卫军和一群纷乱的武装起来的无产者，同文迪施格雷茨的人数多得多的正规军比较起来又算得了什么呢？更不要说耶拉契奇的那帮土匪了，他们由于生活习惯，十分擅长于那种争夺一幢幢房屋和一条条胡同的巷战。文迪施格雷茨肆无忌惮地动用了许多装备完善的大炮，而起义者除了几门陈旧不堪、装配不好、使用不灵的火炮而外，还有什么呢？

　　危险越迫近，维也纳城内就越惊慌失措。直到最后一刻，议会还不能下决心向驻扎在离首都几英里的佩尔采尔的匈牙利军队求援。安全委员会通过了一些自相矛盾的决议，它也像武装的人民群众一样,随着各种互相矛盾的谣言的起伏而情绪时高时低。只有一件事是全体都同意的——尊重财产;而这种尊重在当时的情况下几乎达到了滑稽可笑的程度。在最后制订防御计划方面没有做什么事情。如果说当时还有人能挽救维也纳的话,那么贝姆便是唯一的一个,他是一个本籍斯拉夫族的、在维也纳几乎没有人知道的外国人;而由于大家对他不信任,他放弃了这个任务。如果他坚持下去,他也许要被当做叛徒而遭到私刑拷打。起义部队的指挥官梅森豪泽作为小说家的才能远远超过他甚至作为下级军官的才能,因此他根本不适合承担这个任务;可是,在八个月的革命斗争之后,人民党并没有造就或者物色到一个比他更能干的军事人才。战斗就这样开始了。维也纳人既十分缺少防御手段,又非常缺乏军事训练和组织,但他们还是作了最英勇的抵抗。贝姆担任指挥官时所发布的命令——"坚守阵地到最后一人",在很多地方都不折不扣地执行了。但是,毕竟寡不敌众。在构成近郊的主要交通线的又长又宽的林荫道上,街垒一个接着一个被帝国炮兵扫除了;战斗到第二天晚上,克罗地亚人便占领了旧城斜堤对面的一排房屋。匈牙利军队的无力而零乱的攻击完全被击退了;在休战期间,旧城里的队伍有的投降了,有的踌躇动摇,惊慌失措,剩下来的大学生军团在构筑新的工事,而帝国军队就在这时攻入城内,趁着城内的一片混乱占领了旧城。

这次胜利的直接后果就是种种暴行和许多人被依军法处死,就是进入维也纳的斯拉夫族匪帮的各种骇人听闻的无耻兽行;这些事大家知道得太清楚了,用不着在这里详细叙述。这次胜利的更深远的后果,即维也纳革命的失败使德国事态发生的全新的转变,我们下面再谈。关于对维也纳的攻击,还有两点需要加以考察。这个首都的人民有两个同盟者:匈牙利人和德意志人民。在这个考验的时刻他们在哪里呢?

我们已经看到,维也纳人以刚获解放的人民的全部慷慨胸怀挺身起来捍卫的事业,虽然归根到底也是他们自己的事业,但首先是而且主要是匈牙利人的事业。他们不让奥地利军队开去进攻匈牙利,而宁愿自己首当其冲地承受这些军队的最凶猛的攻击。当他们这样高尚地挺身出来援助他们的同盟者的时候,成功地抵挡住了耶拉契奇的匈牙利人却把他赶向维也纳,用自己的胜利增强了准备进攻维也纳的兵力。在这种情形下,匈牙利的义不容辞的责任应该是毫不迟延地以一切可供使用的兵力去援助维也纳——不是援助维也纳议会,也不是援助安全委员会或维也纳的任何其他官方机构,而是援助**维也纳革命**。如果说匈牙利甚至忘记了维也纳为匈牙利打了第一仗,那么,它为了自己的安全,也不应该忘记维也纳是维护匈牙利独立的唯一前哨,如果维也纳陷落,便没有什么东西能阻止帝国军队向匈牙利推进。现在我们已经完全弄清匈牙利人为他们在维也纳被包围和被攻击时按兵不动作辩护的种种借口:他们自己的战斗力量不足,维也纳议会或任何其他官方机构都拒绝向他们求援,他们必须坚持宪法立场而避免和德国中央政权发生纠纷。至于匈牙利军队实力不足,事实是这样的:在维也纳革命和耶拉契奇到来以后最初几天,完全可以不需要什么正规军队,因为当时奥地利的正规军还远远没有集中起来;如果在第一次击败耶拉契奇后乘胜进行勇猛无情的追击,那么单是在施图尔韦森堡作战的**后备军**的力量也足以和维也纳人会合,而使奥地利军队的集中迟延半年。在战争中,尤其是在革命战争中,在没有获得某种决定性的胜利之前,迅速行动是一个基本规则;而且我们可以断然地说,从**纯粹的军事角度**来看,佩尔采尔在和维也纳人会合以前是不应该停止行动的。事情当然是有些危险,但有谁打胜仗而不曾冒一点危险呢? 当40万维也纳人把要开去征服1 200万匈牙利人的军队吸引来攻击他们自己的时候,难道他们就不冒一点危险吗? 在奥地利人集结起来以前一直采取观望态度,以及后来在施韦夏特发动软弱无力的佯攻(结果当然遭到了不光彩的失败)——这种军事错误同坚决向维也纳进军去追击耶拉契奇的溃散了的匪军相比所招致的危险肯定更大。

可是,据说匈牙利人如果不经官方机构的同意就这样进兵,便是侵犯德国领土,便会和法兰克福的中央政权发生纠纷,最重要的是,这就意味着背弃合法的和立宪的政策,而这种政策据说正是匈牙利人的事业的力量所在。可是要知道,维也纳的官方机构不过是形同虚设! 奋起保卫匈牙利的难道是议会或什么民众委员会吗? 难道不是维也纳的人民(而且只有他们)拿起武器为匈牙利的独立而打先锋吗? 问题不在于必须支援维也纳的这个或那个官方机构,因为所有这些机构在革命发展的过程中可能而且很快就会被推翻;问题在于革命运动的高涨,在于民众行动的不断发展本身,只有这些才能保障匈牙利不被侵略。当维也纳和整个德意志的奥地利仍是匈牙利人反抗共同敌人的同盟者的时候,革命运动以后可能采取怎样的形式,这是维也纳人而不是匈牙利人的事情。但问题是:匈牙利政府这样坚持要取得某种所谓合法的认可,我们是否应当从中看出这是追求一种颇为可疑的合法性的第一个明显的征兆。这种追求虽然没有能够挽救匈牙利,但后来至少给英国资产阶级的公众留下了不坏的印象。

至于借口说可能和法兰克福的德国中央政权发生冲突,这也

是完全站不住脚的。法兰克福当局**事实上**已经被维也纳反革命的
胜利推翻了;假使革命能在那里找到为击败它的敌人所必需的帮
助的话,该当局也同样会被推翻。最后,一个重要理由是,匈牙利
不能离开合法的和立宪的基础;这种说法也许会得到英国的自由
贸易派[53]的交口称赞,但历史永远不会承认这是一个充分的理由。
假如维也纳人在3月13日和10月6日拘泥于"合法的和立宪的"
手段,那么那种"合法的和立宪的"运动的命运,以及所有那些第
一次使匈牙利为文明世界所注意的光荣战斗的结局又会怎样呢?
据说,匈牙利人在1848年和1849年曾立足于合法的和立宪的基
础之上,而这个基础正是维也纳人民在3月13日用极端不合法的
和非立宪的起义给他们争取到的。我们不打算在这里考察匈牙利
的革命史,但我们应该指出,只用合法手段去反抗对这种循规蹈矩
报以嘲笑的敌人,那是完全不适当的;还应该指出,如果不是这样
一味声称要坚持合法性,使戈尔盖得以利用这种合法性来反对匈
牙利政府,戈尔盖的军队就不会服从自己的统帅,就不会出现维拉
戈什的那种可耻的灾祸[54]。而当1848年10月底匈牙利人为挽救
自己的名誉终于渡过莱塔河的时候,那不是和任何直接的坚决的
攻击一样不合法吗?

　　大家知道,我们对匈牙利并不怀有任何不友好的情感。在斗
争中我们是维护它的;我们有权利说,我们的报纸——《新莱茵
报》[55],为在德国宣传匈牙利人的事业而做的工作,比任何其他报
纸做得都要多。[56]它阐释了马扎尔族和斯拉夫族之间的斗争的性
质,发表了一系列评论匈牙利战争的文章。这些论文得到了这样
的荣誉,几乎后来出版的关于这一问题的每一本书都抄袭它们,连
匈牙利本国人和"目击者"的著作也不例外。我们甚至现在也还

认为,在欧洲大陆将来的任何动荡中,匈牙利仍然是德国的必需的和天然的同盟者。但我们一向对自己的同胞是很严厉的,所以我们也有权对我们的邻居直言不讳。其次,在这里我们应以历史学家的公正态度记述事实,所以我们必须说,在这个特定的事例中,维也纳人民豪迈的英勇精神,比匈牙利政府的小心谨慎态度不仅高尚得多,而且有远见得多。而作为德国人,我们还可以说,我们不愿意拿匈牙利战役中的一切煊赫胜利和辉煌战斗同我们的同胞维也纳人的那种自发的、独力进行的起义和英勇的抵抗相交换,是他们使匈牙利有时间去组织能够完成如此伟大业绩的军队。

维也纳的第二个同盟者是德国人民。但他们到处都被卷入了像维也纳人所卷入的那种斗争。法兰克福、巴登和科隆都刚刚遭到失败并被解除武装。在柏林和布雷斯劳,人民和军队双方都剑拔弩张,战事一触即发。每一个地方的运动中心的情况也都是这样。到处问题都争执不下,只有靠武力来解决;保持德国过去的分裂和涣散状态的不幸后果,现在才第一次被痛切地感觉到。各邦、各省和各城市的各种不同的问题,实质上是一样的;但它们在各个地方是以不同的形式和借口提出的,它们在各个地方成熟的程度也各不相同。因此就发生了这种情形:虽然每个地方都感觉到了维也纳事变的决定性意义,但没有一个地方能够实行一次重要的打击,以便帮助维也纳人,或牵制住敌人的力量;这样,能够帮助维也纳人的就只有法兰克福的议会和中央政权了。各方面都向它们呼吁;但它们做了些什么呢?

法兰克福议会[24]和由于它同旧联邦议会[7]私通而产生的私生子——所谓的中央政权,因维也纳的运动而暴露了它们的彻头彻尾的无能。我们已经说过,这个可鄙的议会早就丧失了它的贞操,它尽管还年轻,但已白发苍苍,已经熟练地掌握了各种胡扯瞎诌和娼妓式的八面玲珑的伎俩。议会最初曾对德国的强盛、复兴和统一满怀梦想和幻想,可是现在剩下的只是到处重复的条顿人的哗众取宠的夸夸其谈,以及每个议员都坚信自己十分重要而公众则诚实可欺。最初的质朴被抛弃了;德国人民的代表变成了一些讲求实际的人,就是说,他们发现,他们做得越少,说得越多,他们作为德国命运的裁决者的地位就越稳固。他们并不认为他们的许多会议是多余的;完全相反。但他们已经看出,一切真正重大的问题,对于他们都是禁区,他们最好置之不理。于是他们像一群东罗马帝国[57]的拜占庭学者一样,以骄傲而勤恳的态度(他们后来的命运正是这种勤恳的报酬)讨论在文明世界的一切地方都早已解决了的理论教条,或者讨论一些永远得不到任何实际结果的显微镜下的实际问题。这样,议会就成了一所兰开斯特学校[58]。议员们在这里互教互学,因而这个议会对他们具有重大意义。他们都相信,这个议会所做的事情甚至超过了德国人民对它的希望,他们认为,谁要是再无耻地要求它取得什么成果,谁就是祖国的叛徒。

当维也纳起义爆发时,关于这个事件曾经有过许多质问、辩论、建议和修正,这一切当然毫无结果。中央政权准备加以干涉,它派了两个专员——过去的自由党人韦尔克尔先生以及莫斯莱先生——到维也纳去。同这两位德国统一的游侠骑士的英勇事迹和令人惊异的冒险行为比较起来,唐·吉诃德和桑乔·潘萨的旅行可以算得上是奥德赛。他们不敢到维也纳去,文迪施格雷茨恫吓他们,愚蠢的皇帝①不理解他们,施塔迪昂大臣公然无礼地愚弄他

---

①　斐迪南一世。——编者注

们。他们的公文和报告也许是法兰克福记录中可以在德国文献里占一席之地的唯一的一部分；这是一部卓越的、道地的讽刺小说，是为法兰克福国民议会及其政府树立的永久性耻辱纪念碑。

国民议会的左派也派了两个专员——福禄培尔先生和罗伯特·勃鲁姆先生——到维也纳去，以维持他们在那里的声望。当危机临近的时候，勃鲁姆正确地断定，德国革命的大会战将在这里进行，并且毫不迟疑地决心为此而献出自己的头颅。福禄培尔却相反，他认为必须保全自己，以便承担他在法兰克福的岗位上的重要职责。勃鲁姆被认为是法兰克福议会里最善于雄辩的人才之一，他当然是最得人心的。他的辩才恐怕在任何一个富有经验的议会里都经不起考验；他太喜欢德国非国教派传教士的那种浅薄的空谈，而他的论据既缺乏哲学的锐敏，又缺乏实际知识。在政治上他属于"温和的民主派"，这是一个相当暧昧的派别，但正是这种在原则问题上的模棱两可，受到一些人的喜爱。虽然如此，罗伯特·勃鲁姆按其天性却是一个地地道道的、然而又是文质彬彬的平民，在决定性的关头，他的平民的本能和平民的气魄战胜了他的模棱两可以及由此造成的动摇不定的政治信念和见解。在这种时刻，他的才干远远超过了他平日的水平。

因此，他一到维也纳便看出他的国家的命运要在这里决定，而不是在法兰克福那些堂而皇之的辩论中决定。他立刻下定决心，抛弃了一切退却思想，挑起了指挥革命军的担子，行动异常冷静而果断。正是他使维也纳城的陷落迟延了很长一段时间，并且烧毁了多瑙河上的塔博尔桥，使该城的一面没有受到攻击。大家都知道，在维也纳被攻陷以后他就被捕，被军事法庭审判并处死。他英勇地牺牲了。而法兰克福议会虽然吓得发抖，却装出一副泰然自若的样子接受了这种血腥的侮辱。它通过了一个决议,就其措辞的和缓和克制来说,与其说是对奥地利的诅咒,不如说是对被害的殉难者坟墓的侮辱。但是,难道能够指望这个卑劣的议会对它的一个议员——尤其是一个左派领袖——的被杀害表示愤怒吗?

1852 年 3 月于伦敦

[十三　普鲁士制宪议会。国民议会]

维也纳于 11 月 1 日陷落,而同月 9 日柏林制宪议会的解散说明这一事变怎样立刻助长了全德国反革命党派的气焰和势力。

1848 年夏季普鲁士的事变很快就传开了。制宪议会,或者更确切地说,"为了与国王商定宪法而选出的议会",以及它的由资产阶级利益的代表构成的多数,由于害怕居民中较积极的分子而同宫廷勾结起来进行种种阴谋,早已威信扫地。他们承认了,或者更确切地说,恢复了令人憎恨的各种封建特权,因而出卖了农民的自由和利益。他们既没有能够起草宪法,也没有能够对总的立法作任何改进。他们差不多只是忙于弄清一些理论上的细微差别、纯粹的形式问题和制宪的仪式问题。事实上,这个议会与其说是一个能够代表人民的任何一点利益的机关,不如说是一个供议员们学习议**会礼仪**的学校。另外,议会中没有一个比较稳定的多数,而且这个多数差不多总是由动摇的"**中间派**"来决定,它的**忽左忽右**的摇摆,起初推翻了康普豪森内阁,后来又推翻了奥尔斯瓦尔德和汉泽曼内阁。但当自由派在这里也像在任何其他地方一样坐失时机的时候,宫廷却把它在贵族、最落后的农村居民以及在军队和官僚中的各种力量重新组织起来。在汉泽曼倒台以后,建立了一个由官僚和军官、由一切顽固的反动派组成的内阁,而这个内阁装出一副样子,好像它准备考虑议会的要求。议会采取"重要的是措施而不是人"这一变通原则使自己大受愚弄,竟对这个内阁鼓掌称赞;这样,它当然就看不到这个内阁几乎公开地在纠集和组织反革命势力的事实。最后,维也纳的陷落发出了信号;国王①把大臣们都撤了职,用现任的内阁首相曼托伊费尔先生为首的"实干家"代替了他们。于是梦中的议会才突然惊醒,意识到大难临头。它通过了一个不信任内阁案,但是对此的回答是立刻来了一道命令,责令议会从柏林,从这个在发生冲突时议会可以指望得到群众支持的地方,迁到勃兰登堡——一个完全处在政府控制之下的外地小城镇。但议会宣称,除非它本身同意,既不能推延它的会期,也不能把它迁移或解散。这时候,弗兰格尔将军统率约4万大军进入柏林②。市政当局和国民自卫军军官会议决定不予抵抗。于是,制宪议会和它的后盾——自由派资产阶级听任联合起来的反动党派占据了一切重要阵地,并从他们手里夺去了几乎所有的防御手段,在这以后,就开始演出了一场"消极合法抵抗"的大喜剧,他们想把这种抵抗变成对汉普敦和美国人在独立战争期间最初行动59的光荣模仿。柏林宣布了戒严,但仍然平静无事;国民自卫军被政府解散,它规规矩矩地缴了械。在两个星期中,议会被军队从一个开会地点赶到另一个地点,到处都被驱散,而议员们却要求市民保持镇静。最后政府宣布议会已被解散时,议会才通过一项决议,宣布征税是非法的,随后议员们奔走全国,组织抗税。60但他们发现,他们选择这种手段是个大错误,在令人忐忑不安的几个星期

① 弗里德里希-威廉四世。——编者注
② 实际只有13 000名士兵。——编者注

之后,政府对反对派采取了严厉手段,于是所有的人都不愿再拒绝纳税以取悦于一个甚至连自卫的勇气都没有的已经死去的议会了。

在1848年11月初进行武装抵抗是否已经太迟,或者一部分军队如果遇到严重反抗是否会转到议会方面来,从而使事态的结局有利于议会,这也许是一个永远无法解决的问题。但是,在革命中,也像在战争中一样,永远需要勇敢地面对敌人,而进攻者总是处于有利地位。在革命中,也像在战争中一样,在决定性关头,不计成败地孤注一掷是十分必要的。历史上没有一次胜利的革命不证明这个原理的正确。1848年11月,普鲁士革命的决定性关头来到了,正式领导整个革命运动的议会,不但没有勇敢地面对敌人,反而节节后退;进攻就更谈不上了,因为它连自卫都宁肯放弃。在弗兰格尔率领4万人叩打柏林大门的决定性关头,完全出乎他和他的军官们的意料,他看到的不是布满街垒的街道和变成枪眼的窗口,而是敞开的城门,街道上唯一的障碍物是和平的柏林市民,他们欣赏着自己同他开的这次玩笑——他们把自己手脚全都捆绑起来而听任那些惊异不止的士兵的处置。不错,议会和人民如果进行抵抗,也许会被击败;柏林也许会遭到炮击,也许会有千百人死亡,而仍然不能阻止保皇党的最后胜利,但这并不能作为他们立刻缴械乞降的理由。顽强奋战后的失败是和轻易获得的胜利具有同样的革命意义的。1848年6月巴黎的失败和10月维也纳的失败,在使这两个城市人民的头脑革命化方面所起的作用,无疑是2月和3月的胜利所不可比拟的。也许,议会和柏林的人民会遭到和上述两个城市同样的命运,但那时他们虽败犹荣,他们会在活着的人的心里留下一种复仇的渴望,而在革命时期,这种渴望是采取坚决激烈的行动的最有力的刺激之一。当然,在一切斗争中,应战的人都有被击败的危险,但这难道能作为不抽刀应战就承认战败、甘受奴役的理由吗?

在革命中,占据决定性阵地而不迫使敌人进攻以试其身手就把这种阵地丢弃的人,永远应该被视为叛徒。

普鲁士国王解散制宪议会的同一道敕令也宣布了新的宪法,这个宪法是以该议会的一个委员会所拟定的草案作为基础的;不过,它在某些条款中扩大了国王的权限,而在另外一些条款中使议会的权力大成问题。根据这个宪法建立了两个议院,这两个议院应该在短期内开会,以便批准和修订宪法。

几乎用不着再问:当普鲁士的立宪派进行"合法而又和平的"斗争的时候,德国国民议会24究竟在什么地方。像通常在法兰克福所见的情形一样,它忙于通过一些很温和的决议,谴责普鲁士政府的行动,而称赞"全体人民消极地、合法地和一致地抵抗暴力的壮观"。中央政府派专员到柏林去调解内阁和议会间的纠纷,但他们遭到了和他们的前任在奥尔米茨所遭受的同样命运——被客气地送出来了。国民议会的左派即所谓激进派,也派遣了他们的专员,这些专员在确信柏林议会完全无用并承认自己也同样无用之后,便回到法兰克福去报告事情的经过,并证实柏林居民的令人称道的和平行为。不仅如此,当中央政府的一个专员巴塞尔曼先生报告说①,因为近来常看见各种各样粗野的人物在柏林街头徘徊,而在一切无政府主义运动发生之前总是有这类人物(后来这

---

① 弗·丹·巴塞尔曼 1848 年 11 月 18 日在法兰克福国民议会的演说。——编者注

类人物就被称为"巴塞尔曼式的人物")出现,所以普鲁士内阁最近所采取的严厉手段并非毫无理由的时候,这些可敬的左派议员和革命利益的坚决捍卫者便真的站起来赌咒发誓,证明实际情况并非如此!因此,在两个月当中,已经明显地证明了法兰克福议会的完全无能。这再清楚不过地证明,这个机构完全不能履行其职责,甚至不明白自己的职责究竟是什么。革命的命运在维也纳和柏林都已被决定了,而在这两个首都解决最重要最迫切的问题的时候,人们好像根本不知道有法兰克福国民议会存在似的。仅仅这个事实就足以证明,这个机构不过是一个由一群轻信的笨伯组成的辩论俱乐部。他们让各邦政府把自己当做议会傀儡,登场演戏,使各小邦和小城市的小店主和小手工业者开心,因为政府认为暂时有必要转移一下这一部分人的视线。这种做法需要保持多久,我们很快就可以看到。但一个值得注意的事实是:在这个议会的所有的"卓越"人物中,任何一个人都丝毫没有感觉到人家要他扮演的是什么角色,甚至直到今天,法兰克福俱乐部的旧日的成员们也还原封未动地保留着他们所特有的历史感觉器官。

1852 年 3 月于伦敦

[十四　秩序的恢复。议会和议院]

奥地利和普鲁士政府利用 1849 年的最初几个月来扩大上一年 10 月和 11 月的战果。自从维也纳被占领以后，奥地利的议会就在摩拉维亚的一个叫做克雷姆西尔的小镇上继续其有名无实的存在。斯拉夫族议员和选派他们的人曾经充当奥地利政府用来摆脱虚脱状态的主要工具，在这里，他们因为自己背叛欧洲革命而受到了应有的惩罚。政府一经恢复了力量，便用极端轻蔑的态度来对待议会和构成议会多数的斯拉夫族议员；当帝国军队的最初的胜利已经预示匈牙利战争将很快结束的时候，议会便在 3 月 4 日被解散了，议员们也被武力驱散了。这时斯拉夫人才终于看到他们受了愚弄，于是他们大声疾呼：我们要到法兰克福去继续我们在这里不能进行的反对派活动！但这时已经太迟了，而他们除了安分守己或者参加无能的法兰克福议会以外再无别的选择，单是这个事实也足以表明他们已完全无可奈何了。

德国的斯拉夫人恢复独立的民族生存的尝试，现在而且很可能是永远地就这样完结了。有许多民族的零星残余，它们的民族性和政治生命力早已被消灭，因此它们在近 1 000 年以来总是不得不尾随一个更强大的民族即它们的征服者，就像过去威尔士人在英国，巴斯克人在西班牙，下布列塔尼人在法国一样，也像今天

西班牙裔和法裔克里奥尔人在最近被英裔美国人占领的北美洲那
些地方一样。这些垂死的民族,如波希米亚人、卡林西亚人、达尔
马提亚人等等,都力图利用 1848 年的普遍混乱恢复他们在公元
800 年时的政治**状况**。过去 1 000 年的历史应该已经向他们表明,
这样开倒车是不行的;如果说易北河和萨勒河以东的全部领土的
确曾一度被斯拉夫血统的人所占据,那么这个事实只能证明德意
志民族征服、并吞和同化它的古老的东方邻人的历史趋势以及它
的肉体的和精神的能力;德意志人进行并吞的趋势过去一向是,现
在也还是西欧文明传播到东欧的最有力的方法之一;只有当日耳
曼化的过程进行到那些能够保持独立民族生存、团结统一的大民
族(匈牙利人是这种民族,在某种程度上波兰人也是这种民族)的
边界时,这种趋势才会停止;因此,这些垂死的民族的自然而不可
避免的命运,就是让它们的强邻完成这种瓦解和并吞它们的过程。
当然,这对曾经把一部分波希米亚人和南方斯拉夫人鼓动起来的
泛斯拉夫主义梦想家的民族野心来说,并不是一种很惬意的前途;
但是他们怎么能够希望历史为了让少数病弱者称心而倒退 1 000
年呢? 这些人在他们居住的所有地方到处都是和德意志人混居杂
处并且为后者所包围,他们几乎从很久以来为了满足文明的需要
除了德语以外就再没别的语言,而且他们甚至缺乏民族生存的
首要条件——众多的人口和整片的领土。因此,泛斯拉夫主义的
浪潮,在德国和匈牙利的斯拉夫人地区,到处都掩盖着所有这些无
数的小民族力求恢复独立的企图,到处都与欧洲的革命运动相冲
突,同时,斯拉夫人虽然自称为自由而战,却总是(除了波兰的一
部分民主派之外)站在专制主义和反动势力一边。在德国、匈牙
利是这样,甚至在土耳其某些地方也是这样。他们是人民事业的

叛徒,是奥地利政府的各种阴谋的拥护者和主要支持者,在所有革命的民族的心目中,他们是罪人。虽然任何地方的人民群众都没有参加泛斯拉夫运动的领袖们所制造的关于民族问题的琐碎的纷争——这完全是因为他们过分无知,但永远不应忘记:在布拉格这个半德意志的城市里,成群的狂热的斯拉夫人曾经一再高呼:"宁受俄罗斯的鞭笞也不要德意志的自由!"在他们1848年的初次尝试遭到失败以后,在奥地利政府给了他们教训以后,下次遇有机会他们大概不会再这样做了。但如果他们再一次准备以类似的借口去和反革命势力联合,那么德国的职责就很明显了,没有一个处于革命状态并卷入了对外战争的国家,能够容忍一个**旺代**[61]处在自己的心腹之中。

至于皇帝①在解散议会的同时所颁布的宪法,没有必要再谈它,因为它从未生效,现在则已完全废除了。从1849年3月4日起,在奥地利已经完全恢复了专制制度。

在普鲁士,各议院曾在2月开会,审查和批准国王②所颁布的新宪法。它们开了差不多六个星期的会,对政府的态度十分谦卑恭顺,但它们当时还没有充分的决心完全遵照国王和他的大臣们的愿望办事。因此,时机一到它们就被解散了。

于是,奥地利和普鲁士都暂时摆脱了议会监督的束缚。两邦政府现在已把一切权力都集中在自己手里,并且能够在一切需要的场合使用这种权力。奥地利用它对付匈牙利和意大利,普鲁士用它对付德意志。因为普鲁士也准备进行一次战役来恢复各小邦

---

① 弗兰茨-约瑟夫一世。——编者注
② 弗里德里希-威廉四世。——编者注

的"秩序"。

现在,在德国的两个巨大的运动中心维也纳和柏林,反革命占了上风,只是在各小邦里斗争尚未见分晓,虽然在那里力量的对比也日渐不利于革命方面。我们已经说过,这些小邦在法兰克福国民议会[24]里找到了共同中心。虽然这个所谓的国民议会的反动性质早已十分明显,连法兰克福的人民都武装起来反对它,但是它的产生却多少带一点革命性。1月间它曾经采取过一反常态的革命立场;它的权限从未确定,但它却终于能够作出一项决议,说它的决定具有法律效力——虽然各大邦从未承认这个决议。在这种情况下,在立宪君主派看到正在恢复元气的专制派已经夺取了它的阵地的时候,差不多全德国的保皇派自由**资产阶级**自然都把他们的最后希望寄托在这个议会的多数派身上,而小商人的代表,民主派的核心,在日渐困难的境遇中团结在这个议会的少数派周围,这个少数派的确是民主派在议会中最后的密集的方阵。另一方面,各大邦的政府,尤其是普鲁士的内阁,越来越清楚地看到,这样一个不正常的民选机关和德国已经复辟的君主制度是不能相容的,而它们所以没有要求立刻把它解散,那只是因为时机未到,也因为普鲁士还希望先利用它去达到沽名钓誉的目的。

同时,这个可怜的议会本身也一天比一天更加狼狈。在维也纳和柏林,它派去的代表和专员都遭到极端的轻蔑;它的一个议员①在维也纳被当做一个普通造反者处以死刑,虽然他具有议员人身不受侵犯的权利。它的法令到处都没有人理睬。如果说各大邦还曾经提到这些法令,那只是在抗议书中提到,这些抗议书否认

————————

① 罗·勃鲁姆。——编者注

议会有权通过它们的政府必须执行的法律和决定。代表这个议会的中央行政权,几乎和全德各邦的内阁都发生了外交争辩,而且不管议会和中央政府如何努力,它们都没有能够使奥地利和普鲁士说明它们的意图、计划和要求究竟是什么。最后,议会终于开始清楚地看到,至少是看到了这样一点:它已失去了一切权力,它本身也在奥地利和普鲁士的掌握中;如果它真打算给德国制定全联邦宪法,它就必须立刻认真地开始做这件事情。许多动摇的议员也都清楚地看到,他们被各邦政府大大地愚弄了。但他们既然处于软弱无力的地位,现在他们又能做什么呢?唯一能挽救他们的办法是迅速而坚决地投入人民的营垒,但就是采取这个步骤,成功的希望也是很渺茫的。其次,这是一伙软弱无能、优柔寡断、目光短浅、自以为是的人,当各种互相矛盾的谣言和外交照会的没完没了的嘈杂声把他们弄得晕头转向的时候,他们却在不断重复的誓言中寻求慰藉和支持,说什么他们是国家最优秀、最伟大、最英明的人物,只有他们能够拯救德国。一年的议会生活已使他们变成了道地的白痴,难道在这伙可怜虫中间能找到可以作出迅速明确的决定的人吗?至于行动坚决果断的人,那就更不用说了!

奥地利政府终于丢掉了假面具。在 3 月 4 日颁布的宪法中,它宣称奥地利是一个不可分割的君主国,财政、关税制度和军事编制完全统一;这样便抹去了德意志省份和非德意志省份之间的一切界线和差别。它这样宣布,是与法兰克福议会已经通过的决议和已经通过的草拟中的联邦宪法的条文相抵触的。这是奥地利对议会的挑战,而可怜的议会除了应战之外,再没有别的选择。它虚张声势地应战一番,但奥地利很明白它自己的力量,也很了解议会一文不值,所以根本不予理睬。而这个自以为是宝贝的代议机关,为了报复奥地利对它的这种侮辱,竟想不出任何更好的办法,而只好自缚手足,跪倒在普鲁士政府面前。说来似乎令人难以置信,它向之屈膝跪拜的,正是它曾经斥之为违背宪法和敌视民意并坚持要撤换而没有撤换掉的那些大臣,这种可耻的行径和后来发生的悲喜剧事件的详情,将是我们下一篇的内容。

1852 年 4 月于伦敦

[十五　普鲁士的胜利]

我们现在来谈德国革命史的最后一章:国民议会与各邦政府尤其是普鲁士政府的冲突,德国南部和西部的起义及其最后为普鲁士所镇压。

我们已经看到法兰克福国民议会[24]的工作情况了。我们已经看到,奥地利践踏它,普鲁士侮辱它,各小邦不服从它,它自己的无能的中央"政府"[62]愚弄它,而这个中央政府本身又被全国各邦的每个君主所愚弄。到最后,这个软弱、动摇、无聊的立法机关终于感到事态的严重了。它被迫得出了这样一个结论:"统一德国这个崇高思想的实现受到了威胁。"而这恰恰等于说,法兰克福议会以及它做过的和要做的一切,看来即将成为泡影。因此它以最认真的态度开始工作,以便尽快地完成它的杰作——"帝国宪法"。

但是这里有一个难题。行政权应该是什么样的呢?是一个行政委员会吗?不行,明智的议会考虑到:那样就会使德国成为一个共和国。是一个"总统"吗?那也会产生同样的结果。因此,必须恢复旧日的皇帝尊严。但是皇帝总是要由一个君主来做的,究竟谁该做皇帝呢?自然不能是罗伊斯-施莱茨-格赖茨-洛本施泰因-埃伯斯多夫公爵①以至巴伐利亚君主这些**二流人物**;无论奥地利

_____

① 指亨利希七十二世。——编者注

或普鲁士都不能容忍那样做。只有奥地利或普鲁士才有这样的资格。但是怎样二者择一呢？毫无疑问，如果环境更好的话，如果不是奥地利政府斩断戈尔迪之结因而使议会解脱了麻烦的话，这个崇高的议会可能直到今天还在开会，还在讨论这个重要的左右为难的问题而得不出结论。

奥地利十分清楚，一旦它把自己的一切省份驯服，而重新以一个强大的欧洲大国出现在欧洲，政治引力定律本身就会把德国其余部分拉入它的势力范围之内，而不需要借助于法兰克福议会授予它的皇冠可能使它获得的威信。奥地利自从扔掉那个毫无实际意义的德皇皇冠之后，已经更加强盛得多了，行动也更加自由得多了。那个皇冠妨碍了它实行独立的政策，而并没有在德国国内国外给它增加丝毫力量。如果奥地利不能在意大利和匈牙利保持自己的阵地，那么它在德国也会土崩瓦解、一败涂地，永远也别想拿回它在全盛时期就已失去的皇冠。因此，奥地利立刻宣称它根本反对复活皇权，而明确地要求恢复德意志联邦议会[7]——即被1815年的各个条约提到和承认的唯一的德国中央政府。它在1849年3月4日颁布的宪法，则明确宣布奥地利是一个不可分割的、中央集权的和独立的君主国，它甚至与法兰克福议会所要改组的那个德国毫不相干。

这种公开宣战使得法兰克福的那些自作聪明的人实在没有别的选择，只得把奥地利摒除于德国之外，而把德国的其余部分建成一个东罗马帝国[57]式的国家——"小德意志"；把它那相当粗陋的皇袍加在普鲁士国王陛下的身上。应该提到，这是6—8年前德国南部和中部的一批自由主义**空论家们**所提倡的那种旧的计划的更新，这些人把这种有失体面的状况视为天赐的良机，因为在这种状况下，可以把自己旧日的奇怪念头重新提出来，作为拯救祖国的最后的"新招"。

因此,1849年2月和3月间,他们结束了关于帝国宪法以及权利宣言和帝国选举法的讨论,同时不得不在许多地方作了十分矛盾的让步——时而向议会中的保守派或者更确切地说向反动派让步,时而又向较进步的派别让步。事实上,很明显,原来属于右派和右翼中间派(保守派和反动派)的议会领导权,现在逐步地(虽然是徐缓地)转到议会中的左派或民主派方面来。议会已把奥地利摒除于德国之外,但奥地利代表仍被邀请参加会议和进行表决,这些代表的暧昧立场,也促使议会中的均势遭到破坏;因此,早在2月底,左翼中间派和左派就常常由于奥地利代表的支持而居于多数地位,虽然有的时候保守的奥地利代表好像开玩笑似的忽然在投票时又追随右派,使天平又倒向另一边。他们使议会这样**忽左忽右**,其目的是想让它为人所轻视,但这是完全用不着的,因为人民群众早已认识到法兰克福所做的一切纯粹是空洞无益的事情。不难想象,在当时这种左右摇摆的情形下拟定的宪法,究竟是怎样一种东西了。

议会中的左派(他们自信是革命德国的**精英**和骄傲),完全陶醉于依靠受奥地利专制制度唆使并为它效劳的一些奥地利政客的好意(更确切地说是恶意)而取得的微小的胜利。每当一种稍稍接近于他们自己的那些不很明确的原则的主张,以一种用顺势疗法冲淡了的形式获得法兰克福议会的某种批准时,这些民主派就宣称他们已经挽救了国家和人民。这些可怜的蠢人,在他们的整个说来十分暗淡的一生中,绝少遇到胜利一类的事情,以致他们真正相信,以两三票的多数通过的他们的毫无价值的修正案,会改变欧洲的面貌。他们从开始立法生涯时起,就比议会中任何其他派别更深地感染了**议会迷**[63]这种不治之症,这种症候使它的不幸的患者满怀一种庄严的信念:整个世界,它的历史和它的未来,都要由有幸以他们为议员的这个代议机关的多数票来支配和决定;他们议院四壁以外发生的所有一切——战争、革命、铁道建设、所有新大陆的殖民地化、加利福尼亚金矿的发现⁶⁴、中美洲运河、俄罗斯的军队以及任何其他多少可以影响人类命运的事情——同与目前正受到他们可敬的议院关注的那个重要问题紧密联系的那些重大事件比较起来,都是微不足道的。于是,议会中的民主派由于成功地往"帝国宪法"里偷偷塞进了自己的一些灵丹妙药,便认为自己首先有义务对它加以支持,虽然这部宪法的每一重要条款都和他们自己所常常宣扬的原则正相矛盾。最后,当这部不伦不类的作品被它的主要作者们抛弃并遗赠给民主派的时候,后者就接受了这份遗产,并且坚持这部**君主制的**宪法,甚至反对任何**当时**主张民主派自己的**共和主义**原则的人。

但是应该承认,这里的矛盾不过是表面的。帝国宪法的不明确、自相矛盾和不成熟的性质,恰好反映了这些民主派先生们的不成熟、混乱和自相矛盾的政治思想。如果说他们自己所说的话和所写的文章——就他们所能够写出的而言——还不能充分证明这一点,那么他们的行为就是充分的证据。因为对头脑正常的人来说,判断一个人当然不是看他的声明,而是看他的行为;不是看他自称如何如何,而是看他做些什么和实际是怎样一个人。我们以后还会看到,德国民主派的这些英雄们的行动足以说明他们自己。不管怎样,帝国宪法及其一切附属物和装饰品的确被通过了,3月28日,普鲁士国王^①在 248 票弃权和大约 29 位议员缺席的情况

---

① 弗里德里希-威廉四世。——编者注

下,以 290 票当选为**除**奥地利**之外**的德国皇帝。这真是历史的一
个绝大的讽刺:在 1848 年 3 月 18 日革命的后三天,弗里德里希-
威廉四世在惊愕的柏林的街道上上演了一出皇帝的滑稽剧[65],当
时的情形如果是在别处,他也许会被认为触犯了缅因州的禁酒令,
而恰好在一年之后,这个令人厌恶的滑稽剧却被一个虚构的全德
代表会议所批准。德国革命的结果就是这样!

1852 年 7 月于伦敦

[十六　国民议会和各邦政府]

法兰克福国民议会**24**把普鲁士国王选为德国（奥地利**除外**）皇帝以后，便派遣一个代表团到柏林去授予他皇冠，然后就宣告休会。4月3日弗里德里希-威廉接见了代表们。他告诉他们说，虽然他接受人民代表投票所赋予他的凌驾于德国其他各邦君主之上的权利，但他在还没有确信其余各邦君主承认他的最高统治权和承认赋予他这些权利的帝国宪法以前，不能接受皇冠。他接着说，考虑这个宪法是否可以予以批准，这是德国各邦政府的事。最后他说，做皇帝也好，不做皇帝也好，他时刻都准备着以武力打击内部或外来的敌人。我们很快就会看到，他以使国民议会十分吃惊的方式履行了自己的诺言。

法兰克福的那些自作聪明的人经过一番深刻的外交研究之后，终于得出结论说，作这种答复就等于拒绝皇冠。于是他们（在4月12日）作出一项决议：帝国宪法是国家的法律，必须遵守。但是，由于他们根本不知道下一步该怎么走，他们就选举了一个三十人委员会，要它就如何才能实施这部宪法提出建议。

这项决议就是法兰克福议会和德国各邦政府之间现在已爆发的冲突的信号。

资产阶级，尤其是小资产阶级，立即宣布拥护新的法兰克福宪

法。他们不能再等待"终结革命"的时刻了。在奥地利和普鲁士,由
于武力的干涉,革命当时已经终结。上述各阶级本想选择一个较和
平的方式来实现这个行动,但他们没有得到机会。事已如此,他们
只能好自为之,这就是他们立即作出的并坚决执行的决定。在事情
进行得比较顺利的各小邦,资产阶级早已重新陷入那种最合他们心
意的、表面上轰轰烈烈但由于没有实力而毫无成效的议会鼓动。这
样一来,德国的每一个邦,单独看来,好像都获得了据说能使它们今
后走上和平立宪发展道路的新的最终形式。只留下一个没有解决
的问题,即关于德意志联邦⁶的新的政治组织的问题。这个唯一的、
看来还包含着危险的问题必须立刻得到解决。因此资产阶级就对
法兰克福议会施加压力,敦促它尽快制定宪法;因此上层和下层资
产阶级都决心接受并支持这部不管是什么样的宪法,以便立即造成
一个稳定的局面。总之,要求制定帝国宪法的鼓动一开始就是出于
一种反动的情感,并且是在那些早已厌倦革命的阶级中产生的。

　　但事情还有另外一面。未来的德国宪法的首要的基本的原
则,在1848年春夏的最初几个月就已被表决通过了;当时,人民运
动还处于高潮。那时通过的决议虽然**在当时来说**是十分反动的,
但在经历了奥地利和普鲁士政府的暴虐行为之后,现在看起来它
们却是十足自由主义的,甚至是民主主义的了。进行比较的标准
变了。法兰克福议会如果不愿在道义上自杀,就不能勾销已经通
过的这些条款,而根据在奥地利和普鲁士政府的刀剑的威逼下制
定的那些宪法去仿造一部帝国宪法。此外,我们已经说过,议会中
多数派的地位已经掉换,自由派和民主派的势力不断增大。因此,
帝国宪法的特色是:它不仅在表面上完全出自民意,同时,虽然充
满了矛盾,却仍然是全德国最富于自由主义精神的宪法。它的最

大缺点在于它只是一纸空文,它的条款没有实力作为后盾。

在这种情况下,所谓的民主派即小资产阶级群众抱住帝国宪法不放,那是很自然的。这一阶级在提出自己的要求方面,向来比拥护立宪君主制的自由派资产阶级更先进;它曾经表现出比较强硬的态度,常常以武力对抗相要挟,经常慷慨地宣称,在争取自由的斗争中,不惜牺牲自己的鲜血和生命;但是有许多事实证明,一到危急关头它就不见了,而在遭到彻底失败的第二天,它却觉得再舒服不过了,这时虽然一切都已失掉,但它至少可以自慰的是:它知道,无论如何问题**已经**解决了。所以,当大银行家、大工厂主和大商人对法兰克福宪法的拥护比较慎重,只是简单地对它表示赞成的时候,紧挨在他们下面的阶级——我们的勇敢的民主派小资产阶级,却堂而皇之地出来亮相,像往常一样地宣称,他们宁愿流尽最后一滴血,也不让帝国宪法完蛋。

得到这两派——拥护立宪君主制的资产者和多少带有民主主义倾向的小资产者——支持的、要求立即实施帝国宪法的运动进展很快,它在几个邦的议会中得到了最强有力的表现。普鲁士、汉诺威、萨克森、巴登和符腾堡的议院都宣称赞成这部宪法。各邦政府和法兰克福议会之间的斗争尖锐化了。

可是,各邦政府迅速行动起来了。普鲁士的两院被解散了,这是违宪的,因为应由它们审查和批准普鲁士宪法;政府故意在柏林激起了骚动;过了一天,即4月28日,普鲁士内阁发布了一个通告①,声称帝国宪法是一个极端无政府主义的和革命的文件,德国

---

① 指《王国政府致王国驻临时中央政府的全权代表的通告。1849年4月28日》,载于1849年4月30日《普鲁士国家通报》(柏林)第117号。
——编者注

各邦政府必须予以审订并使之纯正。普鲁士就这样直截了当地否认了法兰克福的那些聪明人常常夸耀而从未真正实现过的自主的制宪权。于是召集了一个各邦君主会议[66],即死灰复燃的旧联邦议会,来讨论已被宣布为法律的宪法。同时,普鲁士把军队集中于离法兰克福只有三天路程的克罗伊茨纳赫,并且号召各小邦效法它的榜样,只要各小邦的议院支持法兰克福议会,就立即予以解散。汉诺威和萨克森马上照着这个榜样做了。

显然,斗争的结局要靠武力来决定,这已成为不可避免的了。各邦政府的敌对态度和人民中的骚动,一天比一天明显。具有民主情绪的市民到处力图影响军队,并且在德国南部取得了很大成绩。各地举行群众大会,会上通过决议准备在必要时以武力支持帝国宪法和国民议会。科隆为此召开了一个莱茵普鲁士各市议会代表会议[67]。在普法尔茨、在贝格区、在富尔达、在纽伦堡、在奥登林山,农民成群地举行集会,情绪十分激昂。这时,法国的制宪议会被解散了,各地都在激烈的骚动中准备新的选举;而在德国的东部边境,匈牙利人通过连续不断的光辉的胜利,在不到一个月的期间把奥地利的侵略浪潮从蒂萨河压回到莱塔河,每天都有攻下维也纳的可能。总之,人民的想象力到处都达到了最高点,而各邦政府的挑衅政策也一天天更加露骨,暴力冲突是必不可免了,只有怯懦的低能儿才会相信斗争可以和平解决。但这种怯懦的低能儿在法兰克福议会里却大有人在。

1852 年 7 月于伦敦

[十七　起　义]

　　法兰克福国民议会[24]和德国各邦政府之间的不可避免的冲突,终于在1849年5月初爆发为公开的敌对行动。被奥地利政府召回的奥地利议员,除了少数左派或民主派议员外,已经离开议会回家去了。大多数保守派议员看到事态的动向,甚至不等他们各自的政府提出要求就退出了议会。因此,即令撇开前几篇中所指出的左派势力得以加强的种种原因不谈,仅仅右派议员的离职,就足以使议会里以前的少数派转变为多数派了。以前从未梦想到会获得这种好运的新的多数派,过去曾经利用自己的反对派地位尽情揭发旧多数派及其帝国摄政府的软弱、犹豫和怠惰,现在**他们**竟然突然要来代替那个旧多数派了。现在**他们**要表明他们能做什么。当然,**他们的**活动应该是有魄力、有决心而充满生气的。**他们**,德国的**精英**,很快就能推动老朽的帝国摄政王①和他的动摇的大臣们前进,如果做不到这一点的话,他们就要——这是毫无疑问的——以人民主权的力量废除这个无能的政府,用一个精干的、不知疲倦的行政权代替它,这个行政权一定能挽救德国。可怜的家伙们!**他们的**统治——如果没有一个人服从也能称为统治的

①　奥地利大公约翰。——编者注

话——比他们的前任的统治更加荒唐可笑。

新的多数派宣称:尽管有种种障碍,帝国宪法必须付诸实行,并且必须**立即**付诸实行;7 月 15 日人民要选举新议院的议员,而这个议院将于 8 月 15 日在法兰克福开会。这是向未承认帝国宪法的各邦政府——首先是占德国人口四分之三以上的普鲁士、奥地利、巴伐利亚——公开宣战;各邦立即接受了宣战。普鲁士和巴伐利亚也召回了由它们境内派往法兰克福的代表,并加紧反对国民议会的军事准备。另一方面,民主派(在议会以外)为拥护帝国宪法和国民议会而举行的示威,也一天比一天更加激烈,工人群众在激进党人的领导下,决心拿起武器捍卫一项事业。虽然这不是他们自己的事业,但是使德国摆脱旧的君主制枷锁至少给他们提供了在某种程度上达到自己目的的机会。于是人民和政府到处为此而剑拔弩张;冲突是不可避免的了;地雷已经装好,一点火星就可以使它爆炸。萨克森议院的解散、普鲁士后备军的征召、各邦政府对帝国宪法的公开反对就是这样的火星。火星落下了,于是全国马上燃起了熊熊大火。德累斯顿的人民在 5 月 4 日胜利地占领了该城,驱逐了国王①;同时一切邻近的地区都派遣援军帮助起义者。在莱茵普鲁士和威斯特伐利亚,后备军拒绝出征,占领了兵工厂,武装起来捍卫帝国宪法。在普法尔茨,人民逮捕了巴伐利亚的政府官吏,夺取了公款,组织了一个保卫委员会,保卫委员会宣布该省受国民议会的保护。在符腾堡,人民强迫国王②承认了帝国宪法。在巴登,军队和人民联合起来迫使大公③逃亡,并建立了临

---

① 弗里德里希-奥古斯特二世。——编者注
② 威廉一世。——编者注
③ 莱奥波德。——编者注

时政府。在德国其他地方,人民都在等待着,只要国民议会发出决定性的信号,就武装起来听它指挥。

虽然国民议会过去的活动不大光彩,现在它的处境却出乎意料的好。德国的西半部已经拿起武器来捍卫议会;军队到处都发生动摇,在各小邦,军队无疑都支持运动。匈牙利人胜利地挺进已使奥地利精疲力竭,俄罗斯——德国各邦政府的后台则正在以全副精力帮助奥地利对抗马扎尔军队。只有普鲁士尚待制服;由于该邦存在着对革命的同情,达到这一目的的机会肯定是存在的。总之,一切都取决于议会的行动。

起义也正如战争或其他各种艺术一样,是一种艺术,它要遵守一定的规则,这些规则如果被忽视,那么忽视它们的政党就会遭到灭亡。这些规则是从各政党的性质和在这种情况下所要对待的环境的性质中产生的逻辑推论,它们是如此浅显明白,1848 年的短时期的经验已经使德国人十分熟悉它们了。第一,不要玩弄起义,除非你有充分的准备应付你所玩弄的把戏的后果。起义是一种用若干极不确定的数进行的演算,这些不确定数的值每天都可能变化。敌人的战斗力量在组织、训练和传统的威望方面都占据优势;如果你不能集中强大的优势力量对付敌人,你就要被击溃和被消灭。第二,起义一旦开始,就必须以最大的决心行动起来并采取进攻。防御是任何武装起义的死路,它将使起义在和敌人较量以前就遭到毁灭。必须在敌军还分散的时候,出其不意地袭击他们;每天都必须力求获得新的胜利,即令是不大的胜利;必须保持起义的最初胜利给你造成的精神上的优势;必须把那些总是尾随强者而且总是站在较安全的一边的动摇分子争取过来;必须在敌人还没有能集中自己的力量来攻击你以前就迫使他们退却;用迄今为止人们所知道的最伟大的革命策略家丹东的话来说,就是要:"**勇敢,勇敢,再勇敢!**"①

那么,法兰克福国民议会要想逃脱它必然要灭亡的命运,它应当怎么办呢?首先,要把局势弄清,并且要认识到,现在除了无条件地向各邦政府屈服或者毫不动摇地坚决实行武装起义以外别无选择。其次,要公开承认一切已经爆发的起义,并号召各地的人民拿起武器保卫国民代议机关,宣布一切敢于反对有主权的人民(由受委托者代表他们)的君主、大臣以及其他人都不受法律保护。第三,要立即废黜德意志帝国摄政王,建立一个强有力的、活跃的、**毫不退缩的**行政权;召集起义部队到法兰克福来直接保护它,从而给起义的扩展一个合法的借口;要把它所指挥的一切战斗力量组织成为一个严密的整体。总之,要迅速而坚决地利用一切可能的方法来巩固自己的阵地,削弱敌人的阵地。

法兰克福议会里善良的民主派的所作所为恰恰相反。这些可敬的先生们不满足于听任事变自然发展,而且走得更远,竟用自己的反对行动扼杀一切正在准备中的起义运动。例如,卡尔·福格特先生在纽伦堡就是这样做的。他们任凭萨克森、莱茵普鲁士和威斯特伐利亚的起义被镇压下去而不予任何援助,只是在事后对普鲁士政府的残酷暴行表示了感伤的抗议。他们和德国南部的起义暗中保持着外交关系,但从未以公开承认的方式来支持这些起义。他们知道帝国摄政王站在各邦政府方面,但却呼吁**他**反对这些政府的阴谋,而他对此要求始终无动于衷。帝国的大臣们即旧日的保守派,每次开会都嘲笑这个无能的议会,他们却加以容忍。

① 雅·丹东1792年9月2日在立法议会上的演说。——编者注

当西里西亚的议员、《新莱茵报》[55]的编辑之一威廉·沃尔弗要求他们宣布帝国摄政王不受法律保护,公正地指出帝国摄政王是帝国第一个和最大的叛徒时,他却被这些激愤的民主主义革命家全场一致地哄下了台![68]简单说来,他们继续清谈、抗议、发宣言,但一直没有采取行动的勇气或意识;各邦政府派来的敌军日渐逼近,而他们自己的行政官帝国摄政王却忙于和各邦君主密谋尽快地消灭他们。这样一来,这个可耻的议会连最后一点威信也失去了;那些起来保护它的起义者也不再关心它了。最后,当它那可耻的末日到来时,正如我们在下面将会看到的那样,它就寿终正寝了,它的不光彩的死亡没有引起任何人的任何注意。

1852 年 8 月于伦敦

［十八　小资产阶级］

在我们的前一篇中,我们指出了德国各邦政府和法兰克福议会之间的斗争终于达到了如此激烈的程度,以致在 5 月初德国很大一部分地区都爆发了公开的起义:首先在德累斯顿,接着在巴伐利亚的普法尔茨,在莱茵普鲁士的部分地区,最后在巴登。**69**

在这一切场合,起义者**真正的战斗**主力,即首先拿起武器与军队作战的主力,是由**城市工人阶级**组成的。一部分穷苦的农村居民,即雇农和小农,一般在冲突真正爆发后参加了工人的队伍。资本家阶级以下的一切阶级中的大多数青年至少曾一度参加了起义军的队伍,但这一群颇为混杂的青年人,一到事态的严重时刻,便很快减少了。尤其是喜欢自称为"知识界的代表"的大学生,如果不是由于获得军官头衔而被留住,他们便首先抛弃自己的旗帜,可是,他们担任军官根本就不够格。

工人阶级参加了这次起义,正像它也会参加其他起义一样,只要这种起义能清除它在取得政治统治和实行社会革命道路上的某些障碍,或者至少可以迫使那些势力较大而勇气较小的社会阶级采取一种比它们以前所采取的更坚决更革命的方针。工人阶级拿起武器时已清楚地认识到,从事件的直接目的来说,这次起义并不是它自己的斗争;但它仍然执行了对它来说是唯一正确的策略:不让任何以它为垫脚石的阶级(像资产阶级在1848年所干的那样)巩固其阶级统治,除非这一阶级至少给工人阶级提供一个为自身的利益而斗争的自由场地;在任何情况下,都要使事态发展成为危机,这种危机不是使整个民族坚决果断地走上革命道路,就是使革命前的**状况**尽量恢复,从而使新的革命不可避免。在这两种场合,工人阶级都代表整个民族的真正的和被正确理解的利益,因为它尽量加速革命的进程,而这个革命对于文明欧洲的任何一个旧社会都已成为历史的必然,没有这个革命,文明欧洲的任何一个旧社会都休想较安稳较正常地继续发展自己的力量。

至于参加这次起义的农村居民,他们大半是这样投入革命派的怀抱的:部分地是由于捐税过重,部分地是由于压在他们身上的封建义务过重。他们本身没有任何主动性,总是尾随在参加起义的其他阶级的后面,在工人与小资产阶级之间摇摆。他们站在哪一边几乎总是由他们各自所处的不同的社会地位决定的。农业工人通常是支持城市工人的;小农则倾向于和小资产阶级携手。

我们已经几次提到过这个小资产阶级的重大作用和影响,可以认为这个阶级是1849年五月起义[69]的领导阶级。因为,在这一次,没有一个德国大城市是运动的中心,所以通常在中小城市中占优势的小资产阶级便能够掌握运动的领导权。而且我们已经知道,这次维护帝国宪法和德国议会权利的斗争,正是同这个阶级的利益密切相关的。在一切起义地区所组织的临时政府中占大多数的都是这一部分人的代表,因此,他们能走多远,这完全可以作为衡量德国小资产阶级有多大能耐的尺度。我们将要看到,它除了使托付给它的运动遭到失败而外,什么能耐也没有。

小资产阶级擅长吹牛,在行动上却十分无能,而且不敢作任何冒险。这个阶级的商业交易和信贷业务的**小本经营**,很容易给它的性格打上缺乏魄力和进取心的烙印,因此它的政治活动也自然具有同样的特点。所以小资产阶级是用漂亮的言词和吹嘘它要完成什么功绩来鼓动起义的;一旦完全违背它的愿望而爆发了起义,它就迫不及待地攫取权力;但它使用这种权力只是为了毁灭起义的成果。每当一个地方的武装冲突使事态发展到了危急关头,小资产阶级就十分害怕他们所面临的危险局势,害怕人民真正接受了他们号召武装起来的高调,害怕已经落到他们手里的政权,尤其是害怕他们被迫采取的政策会给他们自己、给他们的社会地位和他们的财产带来的后果。人们不是希望他们真的像他们常说的那样,为了起义的事业,可以不惜牺牲"生命财产"吗?他们在起义时不是被迫担任官方职务,因而在失败时就有失去自己的资本的风险吗?而在起义胜利时,他们不是深信自己会立即被赶下台,并且眼看着他们的全部政策被作为他们的战斗部队主力的胜利的无产阶级根本改变吗?这样,小资产阶级就被种种互相对立的危险团团包围,它除了让一切都听天由命之外,再也不知道如何使用它的权力;因此,它当然也就失去了本来可能有的取得胜利的小小的机会,而把起义完全断送了。小资产阶级的策略,或者更确切地说,小资产阶级的毫无策略,到处都是一样的,所以1849年5月德国各个地方的起义,也都是由一个模子铸出来的。

在德累斯顿,巷战继续了四天之久。德累斯顿的小资产阶级、"市自卫军",不仅没有参加斗争,反而在许多场合支持军队镇压起义者的行动。起义者又几乎全是周围工业区的工人。他们找到了一个**能干的、头脑冷静的指挥者——俄国的流亡者米哈伊尔·巴枯宁**,后来他被俘了,现在被囚禁在匈牙利的蒙卡奇监牢里。人数众多的普鲁士军队的干涉，把这次起义镇压下去了。

在莱茵普鲁士，实际的战斗规模不大。所有的大城市都是被许多炮台所控制的堡垒，起义者只能进行一些小的战斗。一旦调集了足够数量的部队，武装反抗就终止了。

在普法尔茨和巴登则相反，起义者占领了一个富饶的省份和一个整个的邦。金钱、武器、士兵、军需品这里应有尽有。正规军的士兵们本身就参加了起义队伍；在巴登他们甚至是起义的先锋。萨克森和莱茵普鲁士的起义作了自我牺牲，为组织德国南部的运动赢得了时间。一省范围内的地方起义，还从来没有得到过这样有利的条件。巴黎有爆发革命的可能；匈牙利人已兵临维也纳城下；在德国中部各邦，不仅人民，连军队也都坚决支持起义，等到有适当机会就公开加入起义。可是运动既然被小资产阶级所控制，从一开始就注定了要遭到毁灭。小资产阶级的统治者，尤其是以布伦坦诺先生为首的巴登小资产阶级统治者，无论如何也忘不了他们篡夺"合法的"君主即大公①的地位和特权是一种大逆不道的行为。他们坐在大臣的坐椅里深感内疚。能够希望这些懦夫有什么作为呢？他们不仅对起义放任自流，使之分散因而毫无结果，并且还竭力磨去运动的锋芒，阉割和摧毁运动。由于一批深谋远虑的政客即"民主主义的"小资产阶级英雄们的热诚支持，他们做到了这一点；这些英雄们当真相信，他们让布伦坦诺之流的少数狡猾之徒牵着鼻子走的时候，是在"拯救祖国"。

至于军事方面，从没有见到过比原正规军尉官巴登总指挥济格尔指挥的军事行动更草率、更蠢笨的了。一切都杂乱无章，一切

_____

① 莱奥波德。——编者注

有利时机都放过了,一切宝贵的时刻都浪费在考虑一些庞大而不能实现的计划上。到最后,当能干的波兰人梅洛斯拉夫斯基担任指挥的时候,军队已经是组织涣散、迭遭败北、士气沮丧、给养恶劣,却面对着四倍于己的敌人。所以他已经没有别的办法,只能在瓦格霍伊瑟尔进行战斗。这一仗虽未打胜但打得很英勇,接着实行了机智巧妙的退却,在拉施塔特城下进行了最后一次绝望的战斗他便辞职了。像在任何起义战争中一样,部队是由老练的士兵和新召入伍的士兵混合组成的,所以在这支部队中虽然有许多英雄事迹,但同时也有许多次士兵所不应有的、常常是不可理解的惊慌失措。但是,尽管有这种种不可避免的缺陷,这支军队至少有一点是可以对自己表示满意的,这就是:人们承认四倍的优势兵力还不足以把它击溃,10万正规军在对付2万起义者的战役中,在军事上对后者如此高度重视,就好像要同拿破仑的老近卫军作战一般。

起义在1849年5月爆发;7月中旬完全被镇压下去。第一次德国革命就此完结了。

[十九　起义的终结]

当德国的南部和西部举行公开起义的时候,当各邦政府费了十多个星期的时间——从德累斯顿的军事行动开始到拉施塔特投降——来扑灭第一次德国革命的这最后一团火焰的时候,国民议会[24]从政治舞台上消失了,它的退场没有引起任何人的注意。

我们已经谈到,法兰克福的这个崇高的机关处于狼狈不堪的境地,因为各邦政府对它的尊严进行放肆的攻击,因为它自己所创立的中央政权既软弱无能又怠惰得等同于背叛,因为拥护它的小资产阶级和追求更革命的最终目的的工人阶级纷纷起义。悲观和失望完全支配了它的议员们;事变立刻形成了如此明确而肯定的态势,以致在几天之内,这些博学的立法者关于他们有真正力量和势力的幻觉就完全破灭了。保守派在各邦政府的示意下,早已退出了这个除非向各个合法当局挑战,否则今后便不能够再存在下去的机关。慌乱的自由派认为事情已无可挽救,他们也抛弃了议员的职务。这些可敬的先生们成百地开了小差。议员最初有800—900人,但是这个数目急速地减少,以致法定人数只好规定为150人,而几天之后又改为100人。但是甚至这么一点人也很难召集起来,虽然全体民主派都还留在议会里。

剩下的议员应当遵循什么方针,这是显而易见的。他们只需公开而坚决地站在起义方面,从而给予起义以合法性所能赋予它的一切力量,他们自己也就立刻获得了一支实行自卫的军队。他们应该要求中央政权立即制止一切军事行动,如果像可以预见到的那样,这个政权既不能也不愿这样做,那就立即废除它而代之以一个更有力量的政府。如果不能把起义部队调到法兰克福(起初,当各邦政府缺乏准备、还犹豫不决的时候,这一点并不难做到),那么可以立即把议会迁移到起义区域的中心地点去。如果在5月中或5月底以前迅速地、坚决地做了这一切,起义和国民议会就还有取胜的机会。

但是谁也不能指望德国小市民阶级的代表会采取这样坚决的方针。这些抱负不凡的政治家一点也不能抛开他们的幻想。那些已经失去自己对议会的力量和不可侵犯性的倒霉信念的议员们,已经溜之大吉,要让留下的民主派放弃他们一年来所怀抱的对于权力和虚荣的梦想又很不容易。他们忠实于他们以前所采取的方针,百般回避坚决的行动,直到最后失去了一切胜利的机会,甚至一切光荣失败的机会。为了开展装模作样的无事忙的活动(这种活动的毫无效果和它的虚张声势,只是使人觉得既可怜又可笑),他们继续向毫不理睬他们的帝国摄政王①和公开同敌人勾结的大臣们发布一些低三下四的决议、文告和请求。而最后,当施特里高的议员、《新莱茵报》[55]的编辑之一、整个议会中唯一的真正革命者**威廉·沃尔弗**宣称,如果他们说话算数,那就最好结束空谈,立刻宣布德国最大的叛徒帝国摄政王不受法律保护时,这些议员先生们积蓄已久的义愤一下子全都爆发出来了,其猛烈的气势,连政府一再凌辱他们的时候也从没有看到过。[68]这是理所当然的,因为

---

① 奥地利大公约翰。——编者注

沃尔弗的提议是圣保罗教堂①四壁之内说出的第一句通情达理的话。因为他所说的正是必须做的,而话又说得那么直截了当,所以不能不使那班敏感的人感到受了侮辱。这些人只有在不坚决这一点上是坚决的,他们胆小怕事,而且下了永久不变的决心:什么都不做——这就是他们所应该做的事情。每一句像闪电一样拨开了蒙蔽他们的头脑而他们自己又有意加以保持的迷雾的话,每一个能把他们引出他们要尽可能在里面多待一些时候的迷宫的建议,每一种对于实际情况的清楚的见解,当然都是对这个自主的议会的尊严的冒犯。

法兰克福的可敬的议员先生们虽然发表了种种决议、呼吁、质问和宣言,但他们的地位已经不能再维持下去,此后不久他们就退却了,但不是退到起义地区去,因为采取这一步骤未免太大胆了,他们到了斯图加特,那里的符腾堡政府保持着观望的中立态度。在这里,他们终于废黜了帝国摄政王,从自己人中间选举了一个五人摄政团。这个摄政团立刻通过了民军法②,并按规定手续通告了德国各邦政府。它们,议会的真正敌人,被命令去征兵以保卫议会! 于是便创造了——当然是在纸上—— 一支保卫国民议会的军队。师、旅、团、炮队,一切都被规定好和安排好了。所缺乏的只是实在的东西,因为这支军队当然从来没有出世。

还有最后一个方案呈现在国民议会面前。民主派民众,从全

---

① 法兰克福国民议会1848年5月18日—1849年5月30日开会的会址。——编者注
② 指《关于建立人民自卫团的法律。1849年6月16日》,载于《美因河畔法兰克福德国制宪国民议会辩论速记记录》1849年美因河畔法兰克福版第9卷。——编者注

112

国各地派来代表团请求议会出面指挥,并催促它采取坚决的行动。人民知道符腾堡政府的真正意向,恳求国民议会强迫这个政府同各邻邦一道公开而积极地参加起义。但是白费气力,国民议会一迁到斯图加特,就完全听从符腾堡政府的摆布。议员们意识到了这一点,便压制人民中间的骚动。这样一来,他们便丧失了他们还可以保持的最后一点点影响。他们获得了应得的轻蔑;符腾堡政府在普鲁士和帝国摄政王的逼迫下结束了这出民主的滑稽剧;在1849年6月18日封闭了议会开会的大厅,命令摄政团成员离开该邦。

于是他们前往巴登,去参加起义者的阵营,但现在他们在那里已经毫无用处了。没有一个人理睬他们。可是摄政团仍然以有自主权的德国人民的名义在继续努力拯救祖国。它企图获得外国列强的承认,凡是愿意领取**护照**的人都一律发给。它不断发表宣言,派专员到符腾堡那些它曾经拒绝及时给予积极支援的地区去发动起义;这一切当然没有成功。现在我们手边有一篇报告原件,是这些专员之一律斯勒先生(厄尔斯的议员)寄给摄政团的,它的内容很能说明问题。报告注明"1849年6月30日于斯图加特"。律斯勒先生在描述六位专员筹措现金毫无收获的奇遇之后,举了一大堆理由说明他为什么尚未到达指定的岗位,接着又就普鲁士、奥地利、巴伐利亚和符腾堡之间可能发生的纷争及其可能引起的后果发表了很有分量的见解。但是,他详细地考察了这一切之后,得出结论说,再也没有任何指望了。其次,他提议建立由可靠人员组成的驿站式的机构以传递消息,并建立谍报系统以侦察符腾堡内阁的意向和军队的调动情形。这封信没有寄到收信人手里,因为在写这封信的时候,"摄政团"已完全转变为"外交部",也就是搬到瑞士去了。当可怜的律斯勒先生正在为一个第六等王国的可怕内阁的意向而绞尽脑汁的时候,10万普鲁士的、巴伐利亚的和黑森的士兵,已经在拉施塔特城下的最后一战中把全部问题解决了。

德国的议会就这样消失了,德国革命的第一个也是最后一个作品也随之消失了。议会的召开是德国的确**曾发生过**革命的首要证据;这个议会一直存在到这第一次现代的德国革命完结之时。在资本家阶级的影响下由分裂涣散的、多半是刚刚从封建制度的愚昧中觉醒过来的农村居民选举出来的这个议会,其作用是把1820—1848年间一切有名的大人物统统集中在政治舞台上,然后又把他们彻底葬送。这里集中了资产阶级自由派所有的知名人士。资产阶级期待出现奇迹,但是却为自己和自己的代表赢得了耻辱。工商业资本家阶级在德国遭受的失败,比在任何其他国家都更加惨重。最初他们在德国各邦被打败,被击溃,被逐出官场,后来在德国的中央议会里遭到痛击,遭到侮辱和嘲笑。政治自由主义,即资产阶级的统治,不管是采取君主政体还是共和政体的形式,在德国永远不可能实现了。

德国议会在其存在的后期,使1848年3月以来领导官方反对派的那一帮人,那些代表小资产阶级的利益并部分地代表农民阶级的利益的民主派,蒙受永久的耻辱。这一阶级在1849年5月和6月,曾得到机会来表明它有办法在德国建立一个稳定的政府。我们已经看到它遭到了怎样的失败;这与其说是由于环境不利,不如说是由于它在革命爆发以来的一切紧急关头一贯畏缩不前;它遭到这种失败是由于它在政治上也同样目光短浅、畏首畏尾和动摇不定,这正是它的商业活动的特点。1849年5月,它由于这种行为已经失去了欧洲所有起义的真正战斗力量——工人阶级的信

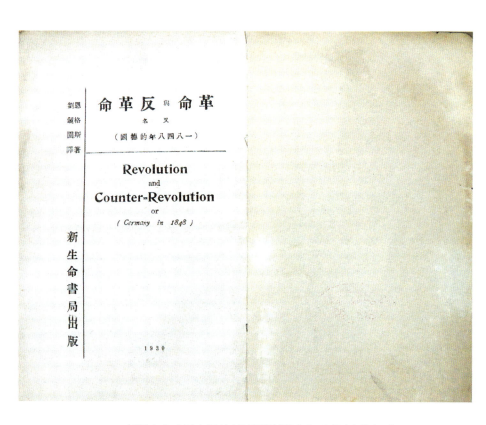

1930 年新生命书局出版的刘镜园译《革命与反革命》的扉页

任。可是当时它还有取得胜利的机会。德国的议会在反动派和自由派退出以后,完全在它的掌握之中。农村居民也都赞助它。只要它认清形势,坚决地、勇敢地行动起来,各小邦三分之二的军队,普鲁士三分之一的军队,普鲁士后备军(预备队或民军)的大多数,都准备和它一致行动。但领导这一阶级的政客们,并不比追随他们的小资产阶级群众更有洞察力。他们甚至比自由派更糊涂,更迷恋于他们有意保持着的幻觉,更容易上当受骗,更缺乏正视事实的能力。他们的政治作用也降到了零度以下。但是由于事实上他们还没有实现他们那些陈腐的原则,所以在**十分**有利的环境下,他们本来还能够再活跃一个短暂的时期;但是,最后的这一点希望也被**路易·波拿巴**的政变剥夺了,正像他们的法国"纯民主派"伙伴们一样。

德国西南部起义的失败和德国议会的解散,结束了第一次德国革命的历史。最后,我们还需要看一下获得胜利的反革命联盟的成员们。这我们将在下一篇通讯来谈。**70**

1852 年 9 月 24 日于伦敦

弗·恩格斯写于 1851 年 8 月 17 日—1852 年 9 月 23 日

载于 1851 年 10 月 25 和 28 日,11 月 6、7、12 和 28 日,1852 年 2 月 27 日,3 月 5、15、18 和 19 日,4 月 9、17 和 24 日,7 月 27 日,8 月 19 日,9 月 18 日,10 月 2 和 23 日《纽约每日论坛报》

署名:卡尔·马克思

原文是英文

选自《马克思恩格斯选集》第 3 版第 1 卷第 565—662 页

注　　释

1　指《*纽约每日论坛报*》(New-York Daily Tribune)。该报是美国的一家日
报,由著名的美国新闻工作者和政治活动家霍·格里利和托·麦克尔
拉思等人创办,1841 年 4 月 10 日—1924 年在纽约出版。19 世纪 50 年
代中期以前是美国辉格党左翼的机关报,后来是共和党的机关报。
40—50 年代,该报站在进步的立场上反对奴隶制。参加该报工作的有
许多著名的美国作家和新闻工作者,受空想社会主义思想影响的查·
德纳从 40 年代末起是该报的编辑之一。马克思从 1851 年 8 月开始为
该报供稿,一直到 1862 年 3 月,持续了十余年。马克思为《*纽约每日论
坛报*》提供的文章,很大一部分是他约请恩格斯写的。恩格斯的文章多
半写于曼彻斯特,许多文章注明的日期并不是写作日期,因为马克思通
常标明的是寄往纽约的日期。有些文章写于伦敦,而马克思注明的却
是巴黎、维也纳或柏林。马克思和恩格斯在《*纽约每日论坛报*》发表的
文章,涉及国际政治、工人运动、欧洲各国的经济发展、殖民地扩张、被
压迫国家和附属国家的民族解放运动等极其重要的问题。在欧洲反动
时期,马克思和恩格斯利用这个发行很广的美国报纸,以具体材料揭露
了资本主义社会的种种弊端及其固有的各种不可调和的矛盾,并说明
资产阶级民主的局限性。

　　《*纽约每日论坛报*》编辑部对马克思和恩格斯的文章常常随意处
理,有些文章不署作者名字而作为编辑部的社论刊登出去。自 1855 年
年中起,马克思和恩格斯的所有文章在发表时都被删去了署名。编辑
部有时甚至未经作者本人同意便随意改动文章的内容和日期,这种做
法一再引起马克思的抗议。从 1857 年秋天起,由于美国发生经济危
机,报纸的财政状况受到影响,编辑部让马克思减少他给《*纽约每日论*

坛报》撰写通讯的数量。美国内战爆发后，编辑部内主张同各蓄奴州妥协的势力加强，报纸离开进步立场，马克思和恩格斯遂停止撰稿并与报纸断绝关系。——5、63。

2　在曾被法国兼并的莱茵河左岸地区，农奴制度同贵族、教士的特权以及教会的房地产特权在法国革命和拿破仑战争期间已被废除。——6。

3　大陆体系或大陆封锁是法国皇帝拿破仑第一在拿破仑战争期间为反对英国而采取的一项重要的经济政治措施。1805年法国舰队被英国舰队消灭后，拿破仑于1806年11月21日颁布了《柏林敕令》，禁止欧洲大陆各国同英国进行贸易。参加大陆体系的有西班牙、那不勒斯、荷兰、普鲁士、丹麦和奥地利。根据1807年的蒂尔西特条约的秘密条款，俄国加入了大陆体系。1812年拿破仑在俄国遭到失败后，所谓的大陆体系便瓦解了。——6。

4　关税同盟是1834年1月1日在普鲁士领导下最后形成的。在此之前，1818年的保护关税条例废除了普鲁士境内的国内税，1819年开始，普鲁士同德意志的一些小邦（其中最大的是黑森-达姆施塔特）签订了关税协定，后来发展成确定共同税界的关税同盟，该同盟逐渐包括了德意志几乎所有的邦；在同盟之外的只有奥地利、汉撒的自由市（吕贝克、汉堡、不来梅）和北德意志的一些小邦。1848—1849年革命时期以及这次革命被镇压以后，关税同盟事实上已名存实亡。普鲁士在1853年恢复了关税同盟。关税同盟的成立促进了于1871年完成的德国政治上的统一。——7、11。

5　1844年6月4—6日，西里西亚纺织工人反对降低工资而自发举行了起义。这是德国无产阶级和资产阶级之间展开的第一次阶级大搏斗。工人们捣毁工厂，破坏机器。起义最终遭到政府军队残酷的镇压。

　　　与此同时，6月下半月，捷克爆发了布拉格纺织工人自发的起义。布拉格起义引起捷克许多工业城市的工人发生骚动，他们捣毁工厂，破坏机器。这次起义同样遭到了政府军队残酷的镇压。——10、22。

6　德意志联邦于1815年6月8日在维也纳会议上由德意志各邦联合组成，最初包括34个邦和4个自由市，其中还包括藩属丹麦王国的荷尔斯泰因公国和尼德兰国王的领地卢森堡。联邦既没有统一的军队,也没有财政经费,保存了封建割据的一切基本特点。德意志联邦唯一的中央机关是由奥地利代表担任主席的联邦议会。联邦议会拥有有限的权力,是反动势力镇压革命运动的工具。德意志联邦在1848—1849年革命时期瓦解,1850年恢复。联邦的两个最大的邦,即奥地利和普鲁士之间曾不断地进行争夺霸权的斗争。德意志联邦在1866年普奥战争期间彻底解体,后来被北德意志联邦所取代。——11、24、45、97。

7 联邦议会是根据1815年维也纳会议决议成立的德意志联邦唯一的中央机关,由德意志各邦的代表组成,会址设在美因河畔法兰克福,由奥地利代表担任主席。联邦议会并不履行政府的职能,事实上成了德意志各邦政府推行反动政策的工具。它干预德意志各邦的内部事务,其目的在于镇压各邦的革命运动。1848年三月革命以后,反动势力企图加紧联邦议会的活动,以达到反对人民主权的原则和反对德意志民主联合的目的。1851—1859年,普鲁士驻联邦议会的全权代表是俾斯麦,最初他力求和奥地利结盟,后来采取了坚决反奥的立场。1859年初卡·乌泽多姆被任命为普鲁士的全权代表。1866年普奥战争后,德意志联邦被北德意志联邦所取代,联邦议会也不复存在。——11、13、23、45、76、92。

8 关税联盟于1834年5月1日成立,由愿意同英国进行贸易的德意志各邦汉诺威、不伦瑞克、奥尔登堡和绍姆堡-利珀单独组建而成。1854年该联盟瓦解,其成员并入了关税同盟(见注4)。——11。

9 维也纳会议是欧洲各国(土耳其除外)从1814年9月至1815年6月断断续续召开的会议。参加会议的有英、普、俄、奥等反拿破仑战争同盟国的君主和代表,法国复辟的波旁王朝也派代表出席了会议。会议缔结的旨在恢复各国王朝统治和满足战胜国领土要求的条约和协议,统称为维也纳条约。根据维也纳会议的决定,奥地利获得了意大利的伦巴第和威尼斯等地;普鲁士获得了莱茵河两岸及北部萨克森的土地;瑞典从丹麦获得了挪威;俄国获得了芬兰,并把华沙大公国改名为波兰王国,由沙皇统治。克拉科夫成为俄、普、奥共同保护的共和国;奥地利的尼德兰(比利时)合并于荷兰称为尼德兰王国;德意志组成松散的德意志联邦(见注6);瑞士重新恢复中立;英国得到了荷兰的殖民地好望角和锡兰以及法属殖民地马耳他岛。会议的最后决议规定,恢复法国1792年的疆界,恢复波旁王朝在法国的统治,并将法国置于列强的严格监督之下;法国不得再侵占欧洲领土。1815年9月关于成立神圣同盟的决议是对维也纳决议的补充。——13、23。

10　指1830年的法国七月革命以及相继在比利时、波兰、德国和意大利等许多欧洲国家爆发的革命和起义。

　　七月革命即1830年7月爆发的法国资产阶级革命。1814年拿破仑第一帝国垮台后,代表大土地贵族利益的波旁王朝复辟,竭力恢复封建专制统治,压制资本主义发展,限制言论自由和新闻出版自由,加剧了资产阶级同贵族地主的矛盾,激起了人民的反抗。1830年7月27—29日巴黎爆发革命,推翻了波旁王朝。金融资产阶级攫取了革命果实,建立了以奥尔良公爵路易-菲力浦为首的代表金融贵族和大资产阶级利益的"七月王朝"。——14。

11　圣西门主义是法国空想社会主义者昂·圣西门的学说。圣西门承认历史的发展是有规律的,新的制度代替旧的制度是历史的进步。但在他看来,社会历史的发展归根结底要靠"理性和科学的进步";他否认物质生产是整个社会生活和整个现实历史的基础,同时根本否定人民群众创造历史的伟大作用,这样他就陷入了唯心主义历史观。圣西门尖锐地批判了资本主义制度,指出资本主义制度是一种新的奴役,主张这种制度应当由理想的"实业制度"所取代。在实业制度下,社会的唯一目的应当是尽善尽美地运用科学、艺术和手工业所取得的知识来满足人们的需要,特别是满足人数最多的最贫穷阶级的物质生活和精神生活的需要;人人都要劳动,经济按计划发展,个人收入应同他的才能和贡献成正比。但圣西门反对无产阶级的阶级斗争和暴力革命,主张依靠"道德的力量"来改造社会,幻想国王和资产者会帮助无产阶级建立实业制度,这就决定了他的社会主义学说只能流于空想。

　　圣西门派是圣西门学说的追随者,主要的代表人物包括奥·罗德里格、圣阿芒·巴扎尔、巴·普·安凡丹等,他们创办了圣西门主义杂志《生产者》,广为宣传圣西门的思想。这个学派从事的各项活动,在1830年七月革命前后达到高潮。学派的领导人于1828年12月底和

1829 年 8 月之间的讲演被编辑成《圣西门学说释义。1828 — 1829》。《释义》系统地阐述圣西门的学说,对七月革命前不久因经济的和政治的发展而变得日益迫切的问题作出了答复。这个学派所描述的协作社是:每人按自己的能力从事劳动,按自己的劳绩取得报酬。1829 年以后,圣西门学派把宗教因素提到首位,1830 年建立起教阶制度。1831 年圣西门学派发生分裂,巴扎尔及其追随者力争实现圣西门的要求,探索同工人阶级的联系;安凡丹及其追随者则把圣西门主义奉为新宗教,像宗教教派那样研究和实现圣西门学说。——14、21。

12 青年德意志或现代派是德国 19 世纪 30 年代在法国七月革命和德国人民起义的影响下出现的一个文学流派,它同时又是一个文学团体,受海涅和卡·白尔尼的影响极大,在世界观方面受黑格尔思想和圣西门主义的影响。青年德意志作家(卡·谷兹科、亨·劳伯、卢·文巴尔克和泰·蒙特等)主张信仰自由和新闻出版自由、实行立宪制、解放妇女等等。他们的文艺和政论作品反映出小资产阶级的反抗情绪。青年德意志派观点的特点是思想上不成熟和政治上不坚定。他们之中的大多数人很快就沦为庸俗的资产阶级自由派。青年德意志在 1848 年后解体。——14。

13 神圣同盟是欧洲各专制君主镇压欧洲各国进步运动和维护封建君主制度的反动联盟。该同盟是战胜拿破仑第一以后,由俄国沙皇亚历山大一世和奥地利首相梅特涅倡议,于 1815 年 9 月 26 日在巴黎建立的,同时还缔结了神圣同盟条约。几乎所有的欧洲君主国家都参加了同盟。这些国家的君主负有相互提供经济、军事和其他方面援助的义务,以维持维也纳会议(见注 9)上重新划定的边界和镇压各国革命。

　　神圣同盟为了镇压欧洲各国资产阶级革命和民族解放运动,先后召开过几次会议:1818 年亚琛会议,1820 — 1821 年特罗保会议,1821 年 5 月莱巴赫会议以及 1822 年维罗纳会议。根据会议的决议,神圣同盟曾于 1820 — 1821 年间镇压意大利的革命运动,1823 年武装干涉西班牙革命,并企图干涉拉丁美洲的独立运动。由于欧洲诸国间的矛盾以及民族革命运动的发展,1830 年法国七月革命(见注 10)后神圣同盟实际上已经瓦解。——16。

14 历史学派又称历史法学派,是 18 世纪末在德国兴起的一个法学流派。其特征是反对古典自然法学派,强调法律应体现民族精神和历史传统;反对 1789 年法国资产阶级革命中的资产阶级民主主义思想;重视习惯法;反对制定普遍适用的法典。该派的代表人物是古·胡果、弗·卡·萨维尼等人。他们借口保持历史传统的稳定性,极力维护贵族和封建制度的各种特权。该派以后逐步演变成 19 世纪资产阶级法学中的一个重要流派。1842 年,萨维尼被任命为修订普鲁士法律的大臣,这样,历史法学派的理论和方法就成了修订普鲁士法律的依据。

历史法学派的主张同黑格尔法哲学的观点相对立。早在 1836—1838 年,马克思就开始研究历史法学派与黑格尔法哲学之间的分歧和论争。1841 年底,马克思着手批判黑格尔的法哲学,同时继续研究历史法学派。对这一流派的批判,见马克思《历史法学派的哲学宣言》(《马克思恩格斯全集》中文第 2 版第 1 卷)。——17。

15 正统派是法国代表大土地贵族和高级僧侣利益的波旁王朝(1589—1792 年和 1814—1830 年)长系的拥护者。1830 年波旁王朝第二次被推翻以后,正统派结成政党。在反对以金融贵族和大资产阶级为支柱的当政的奥尔良王朝时,一部分正统派常常抓住社会问题进行蛊惑宣传,标榜自己维护劳动者的利益,使他们不受资产者的剥削。——17。

16 《柏林政治周刊》(Berliner politisches Wochenblatt)是德国的一家周报,历史法学派(见注 14)的机关报,1831—1841 年在柏林出版,代表君主派的观点,对普鲁士的政治发展有影响,曾得到皇太子弗里德里希-威廉的支持。——17。

17 指《莱茵政治、商业和工业日报》(Rheinische Zeitung für Politik, Handel und Gewerbe)。该报是德国的一家日报,青年黑格尔派的喉舌,1842 年 1 月 1 日—1843 年 3 月 31 日在莱茵地区资产阶级自由派的支持下在科隆出版。创办人是伯·腊韦,编辑是伯·腊韦和阿·鲁滕堡,发行负责人是路·舒尔茨和格·荣克。曾吸收了几个青年黑格尔分子撰稿。1842 年 4 月马克思开始为该报撰稿,同年 10 月起成为该报编辑。《莱茵报》也发表过许多恩格斯的文章。在马克思担任编辑期间,该报日益具有明显的革命民主主义性质并成为德国最重要的反对派报纸之一。

普鲁士政府对《莱茵报》进行了特别严格的检查,1843 年 4 月 1 日将其查封。——18。

18　各省议会的等级委员会是根据普鲁士国王弗里德里希-威廉四世 1842 年 6 月 21 日发布的命令建立的,等级委员会委员由各省议会按照等级划分,从各等级的议员中选举产生,并由国王召集各等级委员会组成咨议性机构——联合委员会。建立等级委员会的目的在于加强封建等级代表制,抵制自由主义反对派提出的在全普鲁士实行立宪代表制的要求。关于省议会等级委员会的情况,参看马克思《评奥格斯堡〈总汇报〉第 335 号和第 336 号论普鲁士等级委员会的文章》(《马克思恩格斯全集》中文第 2 版第 1 卷)。——18。

19　联合委员会是普鲁士各等级委员会组成的联合机构,行使咨议职能。弗里德里希-威廉四世于 1842 年 10 月 18 日—11 月 10 日召集联合委员会会议,打算按照 1820 年 1 月 17 日颁布的《关于将来处理全部国债事务的规定》实行新的税收和获得公债。——19。

20　海外贸易公司是 1772 年在普鲁士成立的贸易信用公司。该公司享有许多重要的国家特权。它给予政府巨额贷款,实际上起到了政府的银行老板和财政经纪人的作用。1820 年 1 月起,海外贸易公司正式成为普鲁士国家银行。——19。

21　联合议会或联合(省)议会是普鲁士国王弗里德里希-威廉四世为了获得向国外借款的保证以摆脱财政困难,于 1847 年 4 月 11 日—6 月 26 日在柏林召开的各省等级议会的联合会议。联合议会的职权限于批准新的税收和贷款,在讨论法律草案时有发言和向国王呈交请愿书的权利。弗里德里希-威廉四世在第一届联合议会的开幕词中表示,他决不会让"君主与人民之间的天经地义的联系"变成"受到制约的、宪制的"联系;他决不会让一张"写上了字的纸"来代替"真正神圣的王权"。由于国王拒绝满足议会资产阶级多数派最低的政治要求,议会大多数代表拒绝给国王以新贷款的保证。国王出于报复于同年 6 月解散了联合议会。

　　1848 年 4 月召开第二次联合议会,同意了一笔数额为 2 500 万塔勒的借款。——20、39。

22 指"真正的社会主义",是从1844年起在德国知识分子中间传播的一种
小资产阶级社会主义学说,其代表人物有卡·格律恩、莫·赫斯、海·
克利盖等人。"真正的社会主义者"宣扬超阶级的爱、抽象的人性和改
良主义思想,拒绝进行政治活动和争取民主的斗争,否认进行资产阶级
民主革命的必要性。在19世纪40年代的德国,这种学说成了不断发展
的工人运动的障碍,不利于团结民主力量进行反对专制制度和封建秩
序的斗争,不利于在革命斗争的基础上形成独立的无产阶级运动。马
克思和恩格斯在1845—1848年的许多著作中对"真正的社会主义"进
行了不懈的批判,如《德意志意识形态》(见《马克思恩格斯文集》第1
卷)、《反克利盖的通告》(见《马克思恩格斯全集》中文第1版第4卷)、
《诗歌和散文中的德国社会主义》(同上)、《"真正的社会主义者"》(见
《马克思恩格斯全集》中文第1版第3卷)和《共产党宣言》(见《马克思
恩格斯选集》第3版第1卷)。——21。

23 傅立叶派指法国空想社会主义者沙·傅立叶的学说——傅立叶主义的
拥护者。傅立叶主义于1799—1803年期间初步形成,它继承了18世
纪法国唯物主义的传统,承认客观世界的物质性和运动的规律性,承认
人类历史由低级向高级发展的规律性,认为人类历史发展分为蒙昧、宗
法、野蛮和文明四个阶段,尖锐地批判现存的文明制度,指出在这种制
度下,少数寄生者占有工人创造的巨大财富,而创造财富的工人却成了
一无所有的赤贫者;主张现存制度应当由理想的和谐制度所取代。在
这种和谐制度下,社会的基层单位是工农结合和城乡结合的生产消费
协作社法郎吉(phalange)。在法郎吉中,人人都参加劳动,劳动者和资
本家都可以入股,保存生产资料私有制,产品按资本、劳动和才能进行
比例分配。协作社成员居住和劳作的场所称法伦斯泰尔(phalanstère)。
傅立叶派在法国和美国都进行过法郎吉移民区实验,均以失败告终。
——21。

24 法兰克福国民议会即法兰克福全德国民议会于1848年5月18日在美
因河畔法兰克福召开,其目的是消除德国政治上的分裂状态和制定全
德宪法。同年6月28日,根据法兰克福国民议会的决议,建立了由帝国

摄政王(奥地利大公约翰)和帝国内阁组成的临时中央政府。法兰克福国民议会的选举采取两级制,不是直接选举。议会中,除了罗·勃鲁姆、卡·福格特等人组成的左翼外,还有阿·卢格、弗·施勒弗尔、弗·齐茨、威·特吕奇勒尔等人组成的极左翼,或称激进民主党。议会的多数派是自由资产阶级中间派,它又分裂成中间派右翼和中间派左翼。中间派拥护立宪君主政体。由于自由派多数的胆怯和妥协,以及小资产阶级左翼的动摇性和不彻底性,议会害怕接管国家的最高权力,没有成为真正统一德国的机构,最后变成了一个没有实际权力,只能导致群众离开革命斗争的纯粹的争论俱乐部。

当德意志各大邦召回本邦议员,而法兰克福市当局又禁止留下的左翼议员在当地开会时,左翼议员便于1849年5月30日决定把议会地点迁往斯图加特,并试图组织保卫帝国宪法的合法运动。1849年6月6日,国民议会宣布废黜帝国摄政王及其阁员,建立由温和民主派弗·拉沃、卡·福格特、亨·西蒙、弗·许勒尔和奥·贝谢尔组成的五人摄政团,但是没有成效。同年6月18日,议会被军队驱散,停止了活动。马克思和恩格斯曾在《新莱茵报》上发表许多文章,对法兰克福国民议会的活动进行了尖锐的批评。——24、42、45、61、76、83、88、91、96、100、110。

25　哥达派是法兰克福国民议会中以弗·达尔曼、马·西姆桑、弗·巴塞尔曼、亨·加格恩、卡·布吕格曼等人为首的大资产阶级的代表,属于右翼自由派。在普鲁士国王弗里德里希-威廉四世拒绝法兰克福国民议会为他加冕,以及国民议会左翼多数派通过关于建立帝国摄政团的决议之后,他们当中有148名代表宣布退出国民议会,并于1849年6月25—27日在哥达单独召开了三天会议,故而得名。最后有130名与会代表签署了一项声明,要求在普鲁士领导之下实现德国统一。于是"哥达派"一词被习惯地用来指背叛革命的自由资产阶级。——24。

26　德国天主教是1844年在德意志一些邦中产生的宗教派别,吸引了中小资产阶级广大阶层参加。该派不承认罗马教皇的最高权威,反对天主教会的许多信条和仪式,竭力使天主教适应德国新兴资产阶级的利益,是19世纪40年代资产阶级对德国反动制度的不满和要求全国政治上统一的愿望在宗教上的反映。

　　1859 年,德国天主教徒协会与自由公理会(见注 27)合并。
——25。

27　自由公理会是在"光明之友"运动的影响下,于 1846 年和 1847 年从官
方新教教会中分化出来的宗教团体,曾试图成立全德国的教会。"光明
之友"是产生于 1841 年的一种宗教派别,它反对在新教教会中占统治
地位的、以极端神秘主义和伪善行为为特征的虔诚主义。自由公理会
在政治上反映了 19 世纪 40 年代德国资产阶级对本国反动制度的不满。
该团体于 1847 年 3 月 30 日获得了进行自由的宗教活动的权利。1859
年,自由公理会与德国天主教徒协会合并。——25。

28　一位论派或反三一论派,是反对"神的三位一体"教义的宗教派别。一
位论派运动产生于 16 世纪的宗教改革时期,最初在波兰、匈牙利、荷兰
等国流行,17 世纪以后又在英国和北美出现。19 世纪,一位论派的教
义反对宗教的表面仪式,把宗教中的道德伦理因素提到了首位。
——25。

29　这里的德意志帝国是指创立于公元 962 年的欧洲封建帝国神圣罗马
帝国。
　　神圣罗马帝国(962—1806 年)是欧洲封建帝国。公元 962 年,德
意志国王奥托一世在罗马由教皇加冕,成为帝国的最高统治者。1034
年帝国正式称为罗马帝国,1157 年称神圣帝国,1254 年称神圣罗马帝
国。到 1474 年,神圣罗马帝国被称为德意志民族神圣罗马帝国。帝国
在不同时期包括德意志、意大利北部和中部、法国东部、捷克、奥地利、
匈牙利、荷兰和瑞士,是由具有不同政治制度、法律和传统的封建王国
和公国以及教会领地和自由城市组成的松散的联盟。1806 年对法战争
失败后,弗兰茨二世被迫放弃神圣罗马帝国皇帝的称号,这一帝国便不
复存在了。——26。

30　"统一的、不可分割的德意志共和国"这一口号是马克思和恩格斯在
1848 年革命前夕提出的(参看马克思 1847 年 10 月底写的《道德化的批
判和批判化的道德》,《马克思恩格斯全集》中文第 1 版第 4 卷第 350
页)。1848 年 3 月,马克思和恩格斯在拟定共产主义者同盟在德国革命

中的政治纲领《共产党在德国的要求》时，又把这一口号作为最主要的要求列在首位（见《马克思恩格斯选集》第3版第4卷第208页）。——26、42。

31　1846年2—3月加利西亚爆发了乌克兰农民起义，当时在奥地利所辖的波兰地区，以克拉科夫为中心恰好也爆发了波兰民族解放起义。奥地利当局利用乌克兰农民与当时准备进行反奥暴动的波兰贵族之间的阶级矛盾和民族矛盾，多次使起义农民将矛头指向波兰起义者的队伍。起义农民一开始就解除了波兰贵族起义部队的武装，随后大规模地摧毁地主庄园。奥地利政府在平息波兰贵族的起义运动之后，又镇压了加利西亚的农民起义。——29。

32　奥地利的财政状况在19世纪初依然极度拮据。当局曾想采用发行纸币的办法来克服支付和信贷上的困难；1810年流通的钞票超过10亿盾，全值兑现已不可能。1811年2月20日的特许令规定兑现面值的五分之一，这实际上意味着国家的破产。——29。

33　指大学生军团，该军团是一个准军事性的学生团体，1848年3月组建于维也纳。参加该团体的还有一些大学讲师及其他知识分子，主要是一些激进的民主主义者。该军团在1848年奥地利的革命运动中起了重要作用，维也纳十月起义失败后被解散。——37、65、69、71。

34　指1848—1849年的奥意战争。1847年底和1848年初在并入奥地利版图的伦巴第和威尼斯地区，意大利居民掀起了反对奥地利的群众运动。在人民群众的压力下，以皮埃蒙特为首的意大利各君主国于1848年3月底向奥地利宣战。战争的第一阶段，皮埃蒙特的军队于1848年7月25日在库斯托扎被击败，8月9日签订了奥地利—皮埃蒙特停战协定。由于意大利国内革命运动重新高涨，1849年3月20日皮埃蒙特的君主被迫继续进行战争。但在21—23日，他的军队在摩尔塔拉和诺瓦拉又被彻底击溃。皮埃蒙特在军事上的失败及其统治集团的投降，使奥地利恢复了在意大利北部的统治。——38。

35　二月革命指1848年2月爆发的法国资产阶级民主革命。代表金融资产阶级利益的"七月王朝"推行极端反动的政策，反对任何政治改革和经济改革,阻碍资本主义发展,加剧对无产阶级和农民的剥削,引起全国人民的不满;农业歉收和经济危机进一步加深了国内矛盾。1848 年 2 月 22—24 日巴黎爆发革命,推翻了"七月王朝",建立了资产阶级共和派的临时政府,宣布成立了法兰西第二共和国。法国二月革命在欧洲 1848—1849 年革命中具有重要影响。无产阶级和小资产阶级积极参加了这次革命,但革命果实却落到了资产阶级手里。——39。

36　在二月革命的影响下,1848 年 3 月 13 日,奥地利首都维也纳的市民、大学生和工人行动起来,举行了要求宪法、陪审制和新闻出版自由的游行示威。群众和军警发生冲突,起义爆发。这次起义导致反动政府的垮台和首相梅特涅的逃亡。

　　1848 年 3 月初,柏林群众举行集会,要求普鲁士政府取消等级特权、召开议会和赦免政治犯。国王弗里德里希-威廉四世调动军队进行镇压,遂发生流血冲突。3 月 13 日,维也纳人民推翻梅特涅统治的消息传到柏林,斗争进一步激化。国王慑于群众的威力,并企图拉拢资产阶级自由派,阻止革命发展,于 17、18 日先后颁布特别命令,宣布取消书报检查制度;允诺召开联合议会,实行立宪君主制。资产阶级自由派遂与政府妥协。柏林群众要求军队撤出首都,在遭到军警镇压后,于 3 月 18 日构筑街垒举行武装起义,最终迫使国王于 19 日下令把军队撤出柏林。起义获得了胜利,但是起义成果却被资产阶级窃取,3 月 29 日普鲁士成立了康普豪森—汉泽曼内阁。——44、64。

37　马尔默停战协定指 1848 年 8 月 26 日丹麦和普鲁士签订的关于石勒苏益格—荷尔斯泰因战争的停战协定。从石勒苏益格—荷尔斯泰因德意志居民起义开始的反对丹麦的战争,是德国人民争取德国统一的革命斗争的一部分。德意志各邦政府,其中包括普鲁士政府,在人民群众的压力下不得不参战。但是,普鲁士政府实际上在作战中采取消极态度,并于 1848 年 8 月在马尔默同丹麦政府签订了为期七个月的停战协定。法兰克福国民议会(见注 24)在 1848 年 9 月批准了这一协定,引起了人民群众的抗议怒潮并导致法兰克福的人民起义。1849 年春天,石勒苏益格—荷尔斯泰因战事再起,结果,1849 年 7 月普鲁士和丹麦签订了和约,石勒苏益格—荷尔斯泰因仍然留在丹麦王国中。——48、61。

38 瓜分波兰指 18 世纪根据 1772 年 5 月 3 日在圣彼得堡签订的协定对波
兰进行的三次瓜分。1772 年第一次瓜分波兰时,奥地利分得了加利西
亚,普鲁士分得了瓦尔米亚以及波美拉尼亚、库亚维恩和大波兰区的一
部分;利夫兰及白俄罗斯东部的一部分划归俄国。1793 年第二次瓜分
波兰时,俄国得到了白俄罗斯的一部分地区和第聂伯河西岸乌克兰地
区,普鲁士得到了但泽(今格但斯克)、托伦及大波兰区的部分地区。奥
地利未参加第二次瓜分。1795 年第三次瓜分波兰时,俄国分得了立陶
宛、库尔兰、白俄罗斯西部地区和沃伦的一部分。奥地利攫取了包括卢
布林和克拉科夫在内的小波兰区的一部分。包括华沙在内的波兰本土
大部分划归普鲁士。第三次瓜分波兰以后,波兰贵族共和国已不再作
为独立国家而存在了。——50。

39 胡斯战争是 1419—1434 年间捷克民族为反对德国贵族和德意志皇帝
的最高权力而进行的带有宗教色彩的农民战争(见恩格斯《匈牙利的斗
争》,《马克思恩格斯全集》中文第 1 版第 6 卷第 199 页),因捷克爱国者
和宗教改革领袖胡斯而得名。胡斯严厉谴责教皇兜售"赎罪券",反对
教会占有土地,抨击教士的奢侈堕落行为,主张用捷克语举行宗教仪
式。1415 年 7 月胡斯作为异教徒被处以火刑。对胡斯的处决激起捷克
人民更大的义愤,1419 年 7 月 30 日布拉格发生起义,拉开了这场民族
解放战争的序幕。胡斯战争的参加者分为两大派,即代表农民和平民
的塔博尔派与代表市民和中小贵族的圣杯派。战争期间,塔博尔派军
队击退了教皇和德意志皇帝组织的五次反对捷克的十字军征讨。最后
由于圣杯派同国外封建反动势力实行叛变性的妥协,人民起义遭到失
败。胡斯派的运动对 16 世纪欧洲宗教改革产生了巨大的影响。——52。

40 斯拉夫人代表大会于 1848 年 6 月 2 日在布拉格举行。代表大会上,受
哈布斯堡王朝压迫的斯拉夫民族的民族运动中的两个派别展开了斗
争。温和的自由主义右派(属于该派的有代表大会的领导者弗·帕拉
茨基和帕·约·沙法里克)为了维护和巩固哈布斯堡王朝,试图使之变
为各民族享有平等权利的联盟,从而解决民族问题。民主主义左派(萨
宾纳、弗里奇、利贝尔特等)对此坚决反对,他们竭力主张同德国和匈牙
利的革命民主力量一致行动。代表大会的部分代表积极参加了 1848
年 6 月 12—17 日布拉格起义,受到残酷的迫害;其余的代表,即温和的

自由派代表于 6 月 16 日宣布代表大会无限期休会。——55。

41　宪章派原定于 1848 年 4 月 10 日在伦敦组织大规模游行示威,示威者将
前往议会大厦,递交第三封要求通过人民宪章的请愿书。但是政府禁
止这次示威游行,为了阻挠游行示威的进行,在伦敦集结了大批军警。
宪章派的领导人中有许多人发生了动摇,决定放弃游行示威,并劝说请
愿的群众就地解散。反动势力利用这次行动的失败向工人发起进攻并
对宪章派加以迫害。

宪章派指宪章运动的参加者。宪章运动是 19 世纪 30—50 年代中
期英国工人的政治运动,其口号是争取实施人民宪章。人民宪章要求
实行普选权并为保障工人享有此项权利而创造种种条件。宪章派的领
导机构是"宪章派全国协会",机关报是《北极星报》,左翼代表人物是
乔·哈尼、厄·琼斯等。宪章运动在 1839、1842 和 1848 年出现三次高
潮,宪章运动领导人试图通过向下院提交全国请愿书的方式迫使政府
接受人民宪章,但均遭到下院否决。19 世纪 50 年代末,宪章派全国协
会停止活动,宪章运动即告结束。恩格斯称宪章派是"近代第一个工人
政党"(见《马克思恩格斯文集》第 3 卷第 517 页)。列宁指出,宪章运动
是"世界上第一次广泛的、真正群众性的、政治上已经成型的无产阶级
革命运动"(见《列宁全集》中文第 2 版第 36 卷第 292 页)。——59。

42　1848 年 4 月 16 日巴黎工人在路易·勃朗影响下举行和平示威,向临时
政府提出关于"劳动组织"和"消灭人对人的剥削"的请愿书,示威队伍
被资产阶级国民自卫军驱散。——59。

43　指 1848 年 5 月 15 日巴黎人民的革命行动。这一行动是在进一步推进
革命和支持意大利、德国、波兰的革命运动的口号下进行的,参加游行
的人数多达 15 万,其中主要是以奥·布朗基等为首的巴黎工人。游行
者向正在讨论波兰问题的制宪议会进发,闯进了波旁王宫的会议大厅,
要求议会兑现诺言,向为争取独立而斗争的波兰提供军事援助,采取断
然措施消除失业和贫困,给工人以面包和工作,成立劳动部。当这些要
求遭到拒绝后,游行者试图驱散制宪议会,成立新的临时政府。5 月 15
日的示威运动遭到镇压。运动的领导者布朗基、巴尔贝斯(他曾提出向
富人征收 10 亿税款)、阿尔伯、拉斯拜尔等人遭逮捕。这次革命行动失

败后,临时政府采取了一系列废除国家工场的措施,实施了禁止街头集会的法律,查封了许多民主派俱乐部。1849 年 3 月 7 日—4 月 3 日,当局在布尔日对 1848 年五月十五日事件的参加者进行了审判。巴尔贝斯被处以无期徒刑,布朗基被处以 10 年的单独监禁,德弗洛特、索布里埃、拉斯拜尔、阿尔伯等人被判处期限不等的徒刑,有的被流放到殖民地。——59。

44 1848 年 5 月 15 日,那不勒斯国王斐迪南二世镇压了那不勒斯的人民起义,解散了议会和国民自卫军,取消了 1848 年 2 月在群众压力下实行的一些改革。1848 年 1 月斐迪南炮轰巴勒莫,同年 9 月又炮轰墨西拿,因此被人们称为"炮弹国王"。——59。

45 指 1848 年 6 月巴黎无产阶级的起义。二月革命(见注 35)后,无产阶级要求把革命推向前进,资产阶级共和派政府推行反对无产阶级的政策,6 月 22 日颁布了封闭"国家工场"的挑衅性法令,激起巴黎工人的强烈反抗。6 月 23—26 日,巴黎工人举行了大规模武装起义。6 月 25 日,镇压起义的让·巴·菲·布雷亚将军在枫丹白露哨兵站被起义者打死,两名起义者后来被判处死刑。经过四天英勇斗争,起义被资产阶级共和派政府残酷镇压下去。马克思论述这次起义时指出:"这是分裂现代社会的两个阶级之间的第一次大规模的战斗。这是保存还是消灭资产阶级制度的斗争。"(见《马克思恩格斯选集》第 3 版第 1 卷第 467 页)——60。

46 指 1848 年 9 月 18 日的法兰克福起义。法兰克福国民议会(见注 24)1848 年 9 月 16 日批准马尔默停战协定(见注 37)是这场人民起义的导火线。当时曾有 1 000 多人参加街垒战,起主要作用的是工人协会和体操协会的成员。奥地利和普鲁士的军队取得了议会中占多数的自由派的同意,镇压了这次起义。——61。

47 1848 年 10 月 6 日维也纳人民起义是由于大资产阶级支持的保皇派试图取消 1848 年奥地利三月革命的成果,恢复专制制度而引起的。奥地利皇帝发布命令,派遣维也纳守备部队征讨革命的匈牙利,成了起义的直接导火线。经过 1848 年 10 月 24 日—11 月 1 日的激烈战斗,起义最后被政府军队镇压。——62。

48　新闻出版法指 1848 年 4 月 1 日奥地利政府公布的新闻出版暂行条例。
该新闻出版法规定必须交纳大量保证金才能取得出版报纸的权利。由
于保留书报检查制度并规定"在新闻出版方面犯罪"的人必须交由行政
法庭(而不是陪审法庭)审判,政府官员因此就可能禁止任何一本著作
的出版。——64。

49　1848 年 4 月 25 日宪法规定,在选举议会方面实行苛刻的财产资格限制
和居住资格限制,决定建立两院,即下院和上院,并保留各省的等级代
议机关。宪法将行政权和军权交给皇帝,并授予皇帝可以否决两院通
过的法律的权力。

　　1848 年 5 月 9 日选举法剥夺了短工和仆役等的选举权。上院议员
一部分由皇帝任命,另一部分则按照两级选举制从纳税数目最多的人
中间选举。下院的选举也实行两级制。——65。

50　根据约翰大公的决定,1848 年 7 月 22 日在维也纳召开了奥地利制宪议
会会议。根据民主派议员的提议,奥地利议会于 1848 年 7 月 31 日发出
请愿书,要求奥地利皇帝斐迪南一世无条件地返回维也纳。当年 8 月
12 日斐迪南一世回到维也纳。——66。

51　《维也纳日报》(Wiener Zeitung)是《奥地利帝国维也纳日报》(Oester-
reichisch-Kaiserliche Wiener Zeitung)的简称,它是奥地利政府的官方报
纸,1780—1931 年在维也纳出版,曾数度易名,1814 年 1 月 1 日起正式
作为日报出版。——67。

52　指 1848 年 10 月 6 日成立的帝国议会常设委员会,最初有 10 名议员
参加。该委员会由温和的小资产阶级民主派阿·菲施霍夫主持。
——69。

53　自由贸易派也称曼彻斯特学派,是 19 世纪上半叶英国出现的资产阶级
政治经济学的一个派别,其主要代表人物是曼彻斯特的两个纺织厂主
理·科布顿和约·布莱特。19 世纪 20—50 年代,曼彻斯特是自由贸易
派的宣传中心。该学派提倡自由贸易,要求国家不干涉经济生活,反对

贸易保护主义原则,要求减免关税并奖励出口,废除有利于土地贵族的、规定高额谷物进口关税的谷物法。1838 年,曼彻斯特的自由贸易派建立了反谷物法同盟。19 世纪 40—50 年代,该派组成了一个单独的政治集团,后来成为自由党的左翼。——75。

54 1849 年 4 月 19 日,奥地利军队在纳迪—夏尔洛被击溃,4 月 26 日,奥军撤出科莫恩(科马罗姆),当时匈牙利军队司令部和匈牙利革命政府没有组织力量追击向维也纳方向撤退的奥军,而是去围攻布达。恩格斯认为,这个决定给匈牙利革命带来了致命的后果,因为这样一来就使奥军在沙皇军队入侵匈牙利之前得以发动新的进攻,最终导致匈牙利军队于 8 月 13 日在维拉戈什向镇压匈牙利起义的沙皇军队投降。匈牙利军队当时还具有战斗力,并且得到匈牙利革命群众的积极支持,它的投降是由总司令阿·戈尔盖的叛卖行为造成的,戈尔盖依靠的是匈牙利资产阶级和贵族中的反革命势力。另一方面,拉·科苏特和革命政府的其他领导人在与戈尔盖的叛卖行为进行斗争时态度也很不坚决。——75。

55 指《新莱茵报。民主派机关报》(Neue Rheinische Zeitung. Organ der Demokratie)。该报是德国 1848—1849 年革命时期民主派中无产阶级一翼的战斗机关报,1848 年 6 月 1 日—1849 年 5 月 19 日每日在科隆出版,马克思任主编;参加编辑部工作的有恩格斯、威·沃尔弗、格·维尔特、斐·沃尔弗、恩·德朗克、斐·弗莱里格拉特和亨·毕尔格尔斯。报纸编辑部作为无产阶级革命运动的领导核心,实际履行了共产主义者同盟中央委员会的职责;1848 年 9 月 26 日科隆实行戒严,报纸暂时停刊;此后在经济和组织方面遇到了巨大困难,马克思不得不在经济上对报纸的出版负责,为此,他把自己的全部积蓄贡献出来,使报纸得以继续出版。

　　《新莱茵报》起到了教育和鼓舞人民群众的作用。报纸发表的有关德国和欧洲革命的重要观点的社论,通常都是由马克思和恩格斯执笔。尽管遭到当局的种种迫害和阻挠,《新莱茵报》仍然英勇地捍卫革命民主主义运动和无产阶级的利益。1849 年 5 月,在反革命势力全面进攻的形势下,普鲁士政府借口马克思没有普鲁士国籍而把他驱逐出境,同时又加紧迫害《新莱茵报》的其他编辑,致使该报被迫停刊。1849 年 5

月 19 日,《新莱茵报》用红色油墨印出了最后一号即 301 号。报纸的编辑在致科隆工人的告别书中写道:"无论何时何地,他们的最后一句话始终将是:工人阶级的解放!"（见《马克思恩格斯全集》中文第 1 版第 6 卷第 619 页）——75、104、111。

56 《新莱茵报》在 1849 年 1—5 月间发表了大量有关匈牙利人民革命战争的文章,其中大部分是恩格斯写的。他写的第一篇文章题为《匈牙利的斗争》（见《马克思恩格斯全集》中文第 1 版第 6 卷）,发表在该报 1849 年 1 月 13 日第 194 号。1849 年 5 月 19 日《新莱茵报》的最后一号发表了恩格斯的总结性文章《匈牙利》（同上）。——75。

57 东罗马帝国指拜占庭帝国。公元 395 年罗马帝国分裂为东西两部分。东罗马帝国包括巴尔干半岛、小亚细亚、地中海东南岸地区,其首都是君士坦丁堡。1453 年土耳其军队占领君士坦丁堡,东罗马帝国灭亡。中国史籍中称东罗马帝国为拂菻或大秦。——77、92。

58 兰开斯特学校是以英国教育家约·兰开斯特的名字命名的贫民子弟学校。这些学校实行学习互助制度,年龄较大和学习成绩较好的学生在学习上帮助其他学生,以弥补师资的不足。19 世纪上半叶,英国以及其他一些国家曾广泛开办兰开斯特学校。——77。

59 英国下院议员约·汉普敦 1637 年拒绝向皇家收税官交纳一种未经下院批准的捐税——"造船费",并在法庭上坚持英国人有抗交皇家非法征收的捐税的权利。就汉普敦拒绝纳税一事举行的审判案使英国社会反对专制制度的情绪更加高涨。汉普敦后来成为 17 世纪英国资产阶级革命的卓越活动家之一。

美国人反对英国政府在殖民地征收捐税的斗争拉开了英属北美殖民地争取独立的战争（1775—1783 年）的序幕。1766 年英国议会被迫取消前一年开始征收的印花税;后来美国人宣布抵制须缴纳间接税的英国商品。1773 年英国强行向美国输入须缴纳高消费税的茶叶,货物在波士顿港口被销毁。这些冲突导致了美洲殖民地举行反对英国的起义。——81。

60 指普鲁士国民议会于 1848 年 11 月 15 日通过的一项决议。决议指出:

"只要国民议会不能自由地继续在柏林召开会议,政府就无权动用国家的资金并征收捐税。本决议从 11 月 17 日开始生效。"11 月 15 日的会议是议员们在柏林举行的最后一次会议。12 月初,一部分议员,主要是右翼议员已集中到了勃兰登堡,12 月 5 日,国王发布了关于解散国民议会并实施钦定宪法的敕令。至此,普鲁士的反革命政变即告成功。——81。

61　旺代是法国西部的一个省。1793 年春季,该省经济落后地区的农民在贵族和僧侣的唆使和指挥下举行反对法国大革命的暴动,围攻并夺取了共和国军队防守的索米尔城。暴动于 1795 年被平定,但是在 1799 年和以后的年代中,这一地区的农民又多次试图叛乱。旺代因此而成为反革命叛乱策源地的代名词。——87。

62　无能的中央"政府"指根据法兰克福国民议会(见注 24)1848 年 6 月 28 日决议成立的、由帝国摄政王和帝国内阁组成的临时中央政府。该政府没有财权、军权等任何实权,唯一能做的就是支持德意志各邦君主推行反革命政策。——91。

63　议会迷德文原文是 parlamentarischer Kretinismus,直译为"议会克汀病"。马克思和恩格斯在 1848——1849 年革命时期首先使用这个术语批评法兰克福国民议会(见注 24)中的小资产阶级民主派领袖,后来他们用这个术语泛指欧洲大陆醉心于议会制度的资产阶级代表人物。——93。

64　1848 年在加利福尼亚、1851 年在澳大利亚发现了丰富的金矿,这些发现对欧美各国的经济发展产生了重大影响。——94。

65　弗里德里希-威廉四世演出的皇帝的滑稽剧,指 1848 年 3 月 21 日由力图恢复国王权威的普鲁士资产阶级阁员们倡议,在柏林举行的普鲁士国王出巡盛典。与此同时还举行了要求德国统一的游行示威。弗里德里希-威廉四世沿柏林的街道巡视,臂上戴着象征德国统一的黑红黄三色臂章,并发表了虚假的爱国主义演说,把自己装扮成"德国自由和统一"的捍卫者。他在当天发布的《告陛下的臣民和德意志民族书》中,庄严地保证要把统一德国的事业掌握在自己手里,并答应成立等级代议机构,实施宪法,确立内阁责任制,规定公开的和口头的诉讼手续以及陪审制度。——95。

66　各邦君主会议是 1849 年 5 月 17 日在柏林召开的有普鲁士、萨克森、汉诺威、巴伐利亚和符腾堡的君主参加的会议,会议旨在修改由法兰克福国民议会(见注 24)拟定的所谓帝国宪法。5 月 26 日会议结束时,普鲁士、萨克森和汉诺威的国王缔结了协定,即所谓"三王联盟"。到 1849 年 9 月共有 29 个邦加入了这一协定,几乎包括了所有的德意志邦。根据协定,联盟首脑由普鲁士国王充任。"联盟"是一次使普鲁士君主制在德国取得霸权的尝试。但是,在奥地利和俄国的压力下,普鲁士不得不退却,并于 1850 年 11 月退出了"联盟"。——99。

67　莱茵普鲁士各市议会代表会议于 1849 年 5 月 8 日在科隆召开,代表们明确主张重新召开第二议院会议,赞成 1849 年 3 月 28 日的德意志帝国宪法,反对勃兰登堡—曼托伊费尔的政府。——99。

68　1849 年 5 月 26 日,法兰克福国民议会第 228 次会议在讨论措辞极为温和的《告德国人民书》时,威·沃尔弗发表演说,要求宣布帝国摄政王不受法律保护,并且说"我要在这里代表人民讲话",结果被哄下了台。——104、111。

69　指维护帝国宪法的运动。这是 1848—1849 年德国资产阶级民主革命的最后阶段。以普鲁士为首的德意志各邦拒绝承认法兰克福国民议会(见注 24)于 1849 年 3 月 28 日通过的帝国宪法,但是人民群众认为帝国宪法是唯一还没有被取消的革命成果。1849 年 5 月初在萨克森和莱茵省,5—7 月在巴登和普法尔茨相继爆发了维护帝国宪法的武装起义。6 月初,两个普鲁士军团约 6 万人与一个联邦军团开始对两地起义者实行武力镇压,而法兰克福国民议会却不给起义者任何援助。1849 年 7 月,维护帝国宪法的运动被镇压下去。——105、106。

70　《德国的革命和反革命》这组文章的最后一篇没有写成。1896 年英文版以及后来的许多版本都收录了恩格斯 1852 年 11 月写的《最近的科隆案件》(见《马克思恩格斯全集》中文第 2 版第 11 卷)一文,把它作为这组文章的最后一篇,实际上它并不属于这组文章。——115。

人 名 索 引

A

艾森曼,约翰·哥特弗里德(Eisenmann, Johann Gottfried 1795—1867)——德国医生和政论家,1848 年是《德意志人民报》编辑;1848—1849 年是法兰克福国民议会议员,属于中间派,后来属于左派。——14。

艾希霍恩,约翰·阿尔布雷希特·弗里德里希(Eichhorn, Johann Albrecht Friedrich 1779—1856)——普鲁士政治活动家,曾在施泰因和哈登堡内阁担任多种职务,积极参与关税同盟的建立,1840—1848 年任宗教事务、教育和卫生大臣,同时为书报检查三大臣之一。——25。

奥德赛(乌利斯)(Odysseus[Ulysses])——荷马的史诗《伊利亚特》和《奥德赛》中的主要人物,传说中的伊大卡岛国王,特洛伊战争时希腊军队领袖,以大胆、机智、善辩著称。传说他去过阴曹地府,同一些亡灵谈过话。——77。

奥尔斯瓦尔德,鲁道夫·冯(Auerswald, Rudolf von 1795—1866)——普鲁士国务活动家,自由派贵族的代表,曾任首相兼外交大臣(1848 年 6—9 月),普鲁士第一议院议长(1849—1850),不管大臣(1858—1862);汉·阿·埃·冯·奥尔斯瓦尔德的弟弟。——80。

B

巴枯宁,米哈伊尔·亚历山大罗维奇(Бакунин, Михаил Александрович 1814—1876)——俄国无政府主义和民粹主义创始人和理论家;1840 年起侨居国外,曾参加德国 1848—1849 年革命;1849 年因参与领导德累斯顿起义被判死刑,后改为终身监禁;1851年被引渡给沙皇政府,囚禁期间向沙皇写了《忏悔书》;1861年从西伯利亚流放地逃往伦敦;1868年参加第一国际活动后,在国际内部组织秘密团体——社会主义民主同盟,妄图夺取总委员会的领导权;由于进行分裂国际的阴谋活动,1872年在海牙代表大会上被开除出第一国际。——107。

巴塞尔曼,弗里德里希 · 丹尼尔(Bassermann, Friedrich Daniel 1811—1855)——德国书商和政治活动家,温和的自由主义者,预备议会议员;1848—1849年革命时期是巴登政府驻联邦议会的代表,法兰克福国民议会议员,属于中间派右翼。——83、84。

保罗(Paul)——据圣经传说,是基督教使徒之一;在信基督教之前叫扫罗。——112。

贝姆,约瑟夫(Bem, Józef 1794—1850)——波兰将军,民族解放运动活动家,1830—1831年起义的领导人;1848年维也纳十月起义的参加者;1849年是匈牙利革命军领导人;革命失败后避难土耳其,入伊斯兰教,被苏丹封为穆拉德帕沙,任土耳其军队指挥官。——72。

勃朗,路易(Blanc, Louis 1811—1882)——法国小资产阶级社会主义者,新闻工作者和历史学家;1848年临时政府成员和卢森堡宫委员会主席;采取同资产阶级妥协的立场;1848年8月流亡英国,后为伦敦的法国布朗基派流亡者协会的领导人;1871年国民议会议员,反对巴黎公社。——5。

勃鲁姆,罗伯特(Blum, Robert 1807—1848)——德国新闻工作者和出版商,小资产阶级民主主义者;预备议会副议长和法兰克福国民议会议员,为左派领袖之一;1848年维也纳十月起义的参加者,在反革命军队占领维也纳后被杀害。——78、88。

博纳尔德子爵,路易·加布里埃尔·昂布鲁瓦兹(Bonald, Louis-Gabriel-Ambroise, vicomte de 1754—1840)——法国政治活动家和政论家,保皇派,复辟时期的贵族和教权主义反动派的思想家。——17。

布伦坦诺,洛伦茨 · 彼得 · 卡尔(Brentano, Lorenz Peter Karl 1813—1891)——德国律师,小资产阶级民主主义者;1848年是法兰克福国民议会议员,属于左派;1849 年领导巴登临时政府,巴登-普法尔茨起义失败后流亡瑞士,1850 年迁居美国;1878 年起为美国国会议员。——108。

C

查理大帝——见查理一世,查理大帝。

查理一世,查理大帝（Charles I, Charlemagne 742—814）——法兰克国王（768年起）和皇帝（800 年起）。——49。

D

达尔曼,弗里德里希·克里斯托夫（Dahlmann, Friedrich Christoph 1785—1860）——德国历史学家和政治活动家,自由主义者,1829 年起为格丁根大学教授,"格丁根七贤"之一,因拒绝宣誓效忠而被赶出格丁根,1842 年被聘为波恩大学教授,1848—1849 年为预备议会议员和法兰克福国民议会议员,属于中间派右翼,1850 年为爱尔福特议会议员,后脱离政治活动;写有丹麦、德国、英国和法国史方面的著作。——23。

丹东,若尔日·雅克（Danton, Georges-Jacques 1759—1794）——法国政治活动家和法学家,18 世纪末法国资产阶级革命的活动家,雅各宾派的右翼领袖。——103。

德·梅斯特尔——见梅斯特尔(德·梅斯特尔)伯爵,约瑟夫·玛丽。

多布尔霍夫-迪尔男爵,安东（Doblhoff-Dier, Anton Freiherr von 1800—1872）——奥地利政治活动家,温和的资产阶级自由派,1848 年任贸易大臣（5月）和内务大臣（7—10 月）。——66。

F

斐迪南一世（Ferdinand I 1793—1875）——奥地利皇帝（1835—1848）。——65、66、77。

斐迪南多二世,斐迪南二世（Ferdinando II, Ferdinand II,绰号炮弹国王 King Bomba 1810—1859）——双西西里王国国王（1830—1859）。——59。

弗兰茨一世(Franz I 1768—1835)——奥地利皇帝(1804—1835),德意志神
　　圣罗马帝国皇帝(1792—1806),称弗兰茨二世。——31、34。

弗兰茨-约瑟夫一世(Franz-Joseph I 1830—1916)——奥地利皇帝(1848—
　　1916)。——87。

弗兰格尔伯爵,弗里德里希·亨利希·恩斯特(Wrangel, Friedrich Heinrich
　　Ernst Graf von 1784—1877)——普鲁士将军,1848 年 11 月参加普鲁士反革
　　命政变,驱散普鲁士国民议会;1856 年起任陆军元帅;丹麦战争时期(1864)
　　任普奥联军总司令。——81、82。

弗里德里希-奥古斯特二世(Friedrich August II 1797—1854)——萨克森国王
　　(1836—1854)。——101。

弗里德里希-威廉三世(Friedrich-Wilhelm III 1770—1840)——普鲁士国王
　　(1797—1840)。——16。

弗里德里希-威廉四世(Friedrich-Wilhelm IV 1795—1861)——普鲁士国王
　　(1840—1861)。——16、17、25、35、81、87、94—96。

福格特,卡尔(Vogt, Karl 1817—1895)——德国自然科学家,庸俗唯物主义
　　者,小资产阶级民主主义者;1848—1849 年是法兰克福国民议会议员,属于
　　左派;1849 年 6 月为帝国五摄政之一;1849 年逃往瑞士,50—60 年代是路
　　易·波拿巴雇用的密探;马克思在抨击性著作《福格特先生》中对他进行了
　　揭露。——103。

福禄培尔,尤利乌斯(Fröbel [Froebel],Julius 1805—1893)——德国自然科学
　　家,政论家和进步书籍出版者,小资产阶级激进主义者,1843 年底—1844
　　年同马克思有密切联系;德国 1848—1849 年革命的参加者,法兰克福国民
　　议会议员,属于左派;德意志民主协会中央委员会委员;革命失败后流亡美
　　国,1857 年回到欧洲,为奥地利政府撰写时评。——78。

傅立叶,沙尔(Fourier, Charles 1772—1837)——法国空想社会主义者。
　　——21。

G

盖尔温努斯,格奥尔格·哥特弗里德(Gervinus, Georg Gottfried 1805—1871)——德国历史编纂学家和文学史家,自由派;1844年起为海德堡大学教授,1847—1848年10月是《德意志报》的编辑,1848年是预备议会议员和法兰克福国民议会议员,属于中间派右翼。——24。

戈尔迪(Gordi)——古希腊传说中的弗利基亚国王,据传说,他用乱结把轭系在马车的辕上,牢固不可解,声言能解此结者,得以统治整个亚洲,马其顿王亚历山大拔剑斩开此结。"斩断戈尔迪之结"一语转意就是以大刀阔斧的方法解决复杂的问题。——92。

戈尔盖,阿尔图尔(Görgey, Arthur 1818—1916)——匈牙利将军,匈牙利军队总司令(1849年4—6月);曾依靠反动军官和资产阶级中的反革命派,背叛匈牙利革命,率领所属部队向沙皇军队投降。——75。

H

海瑙男爵,尤利乌斯·雅科布(Haynau, Julius Jakob Freiherr von 1786—1853)——奥地利将军,1848年镇压意大利的革命;曾任镇压匈牙利革命的奥地利军队总司令(1849)。——52。

海涅,亨利希(Heine, Heinrich 1797—1856)——德国诗人,革命民主主义运动的先驱,马克思一家的亲密朋友。——48、57。

汉普敦,约翰(Hampden, John 1594—1643)——英国资产阶级革命的活动家,在英国资产阶级革命前夜反对专制独裁,革命斗争的参加者,在国内战争中牺牲。——81。

汉泽曼,大卫·尤斯图斯·路德维希(Hansemann, David Justus Ludwig 1790—1864)——德国政治活动家和银行家,莱茵省自由派资产阶级的领袖之一;普鲁士制宪议会议员,财政大臣(1848年3—9月)。——40、44、52、80。

黑格尔,乔治·威廉·弗里德里希(Hegel, Georg Wilhelm Friedrich 1770—1831)——德国古典哲学的主要代表。——14、15。

亨利希七十二世(Heinrich LXXII 1797—1853)——德国一小邦幼系(罗伊斯-
洛本施泰因-埃伯斯多夫)的领主王公(1822—1848)。——91。

胡斯,扬(Hus〔Huß〕,Jan 1369—1415)——捷克宗教改革的领袖和民族解放
运动的活动家,布拉格大学教授,捷克人民的民族英雄;后被控告为异教
徒,被烧死。——52。

J

济格尔,弗兰茨(Sigel,Franz 1824—1902)——德国军官,小资产阶级民主主
义者;1848—1849 年巴登革命运动的参加者,1849 年巴登-普法尔茨起义
时期为巴登-普法尔茨革命军总司令、副总司令和巴登临时政府陆军部长;
起义失败后流亡瑞士,1851 年起流亡英国;1852 年迁居美国,曾站在北部
方面参加美国内战;1866 年起为纽约新闻工作者;阿·济格尔的哥哥。
——108。

K

卡芬雅克,路易·欧仁(Cavaignac,Louis-Eugène 1802—1857)——法国将军和
政治活动家,温和的资产阶级共和党人;30—40 年代曾参加侵占阿尔及利
亚,1848 年任阿尔及利亚总督;第二共和国时期是陆军部长(1848 年 5—6
月),镇压巴黎六月起义;曾任政府首脑(1848 年 6—12 月);立法议会议员
(1849—1851);1851 年十二月二日政变后因反对拿破仑第三的政府而被
捕。——60。

康普豪森,卢道夫(Camphausen,Ludolf 1803—1890)——德国政治活动家和
银行家,莱茵省自由派资产阶级的领袖之一;1834 年起任科隆商会会长,莱
茵报社股东和《莱茵报》撰稿人;1843 年起为莱茵省议会城市等级的代表,
普鲁士首相(1848 年 3—6 月),后为第一议院议员;普鲁士驻中央政府的
使节(1848 年 7 月—1849 年 4 月),北德意志联邦国会议员。——40、44、
52、80。

L

拉德茨基伯爵,约瑟夫·温采尔(Radetzky,Joseph Wenzel Graf 1766—1858)
——奥地利陆军元帅,1831 年起为意大利北部奥军司令,1848—1849 年镇

压意大利的民族解放运动;伦巴第—威尼斯王国的总督(1850—1856)。
——58、65、66、69。

拉图尔伯爵,泰奥多尔(Latour,Theodor Graf 1780—1848)——奥地利将军,专
制君主制度的拥护者;1848年任陆军大臣;1848年10月被维也纳起义者杀
死。——67。

莱奥波德(大公)(Leopold[Grand Duke]1790—1852)——巴登大公(1830—
1852)。——101、108。

赖德律(赖德律-洛兰),亚历山大 · 奥古斯特(Ledru[Ledru-Rollin],
Alexandre-Auguste 1807—1874)——法国政论家和政治活动家,小资产阶
级民主派领袖,《改革报》编辑;第二共和国时期任临时政府内务部长和执
行委员会委员(1848),制宪议会和立法议会议员(1848—1849),在议会中
领导山岳党;1849年六月十三日示威游行后流亡英国,1869年回到法国。
——5、52。

兰开斯特,约瑟夫(Lancaster,Joseph 1778—1838)——英国教育家。——77。

勒麦,克里斯托夫 · 哥特洛布 · 亨利希 · 弗里德里希 · 冯(Römer[Roemer],
Christof Gottlob Heinrich Friedrich von 1794—1864)——德国法学家和政治
活动家;1833年起为符腾堡第二议院议员,自由主义反对派的领袖之一,
1848—1849年任符腾堡的司法大臣和首相,法兰克福国民议会议员。
——14。

路特希尔德家族(Rothschild)——金融世家,在欧洲许多国家设有银行。
——20。

路易十六(Louis XVI 1754—1793)——法国国王(1774—1792),18世纪末法
国资产阶级革命时期被处死。——16。

路易 · 波拿巴——见拿破仑第三。

路易-菲力浦一世(路易-菲力浦),奥尔良公爵(Louis-Philippe I[Louis-Phi-
lippe],duc d'Orléans 1773—1850)——法国国王(1830—1848)。——35。

律斯勒,古斯塔夫·阿道夫(Roesler［Rösler］,Gustav Adolf 1818—1855)——德国教师和新闻工作者,1848—1849 年是法兰克福国民议会议员,属于左派;1850 年起侨居美国。——113、114。

罗泰克,卡尔·文策斯劳斯·罗代克·冯(Rotteck, Karl Wenzeslaus Rodecker von 1775— 1840)——德国历史学家和政治活动家,自由主义者。——14、23。

M

马拉斯特,玛丽·弗朗索瓦·帕斯卡尔·阿尔芒(Marrast, Marie-François-Pascal-Armand 1801—1852)——法国政论家和政治活动家,人权社的领导人,后为温和的资产阶级共和派领袖,《国民报》总编辑;第二共和国时期是临时政府成员和巴黎市长(1848),制宪议会议长(1848—1849)。——5。

曼托伊费尔男爵,奥托·泰奥多尔(Manteuffel, Otto Theodor Freiherr von 1805—1882)——普鲁士国务活动家,贵族官僚的代表,曾参与宪法(1848年 12 月)的颁布和三级选举制的实行(1849);曾任内务大臣(1848 年 11月—1850 年 12 月),首相和外交大臣(1850—1858);1849 年为普鲁士第二议院议员,1866 年入选第一议院。——81。

梅洛斯拉夫斯基,路德维克(Mierosławski, Ludwik 1814—1878)——波兰革命家、历史学家和军事活动家,1830—1831 年和 1846 年波兰起义的参加者;曾参加 1846 年波兹南起义的准备工作,1848 年三月革命把他从狱中解放出来;曾领导 1848 年波兹南起义,后来领导西西里岛起义者的斗争;1849年巴登-普法尔茨起义期间指挥革命军;50 年代曾向波拿巴集团求援;1856年出版《欧洲均势中的波兰民族》一书;1863 年波兰起义初期被任命为波兰国民政府首脑;起义失败后流亡法国。——109。

梅森豪泽,凯撒·温采尔(Messenhauser, Caesar Wenzel 1813—1848)——奥地利军官和作家,1848 年维也纳十月起义期间是国民自卫军司令和维也纳卫戍司令;11 月 16 日被反革命军队杀害。——72。

梅斯特尔(德·梅斯特尔)伯爵,约瑟夫·玛丽(Maistre［De Maistre］,Joseph-Marie, comte de 1753—1821)——法国作家,保皇党人,贵族和教权主义思想家。——17。

梅特涅——见梅特涅-温内堡公爵。

梅特涅-温内堡公爵,克莱门斯·文策斯劳斯·奈波穆克·洛塔尔(Metter-nich-Winneburg, Clemens Wenzeslaus Nepomuk Lothar Fürst von 1773 — 1859)——奥地利国务活动家和外交家,曾任外交大臣(1809—1821)和首相(1821—1848),神圣同盟的组织者之一。——15、28—37、40、56、64。

莫斯莱,约翰·路德维希(Mosle, Johann Ludwig 1794—1877)——德国军官和政治活动家,法兰克福国民议会议员,奥尔登堡派驻联邦议会和中央政府的代表;1848年是被派往维也纳的帝国专员。——77。

N

拿破仑第一(拿破仑·波拿巴)(Napoléon I〔Napoléon Bonaparte〕1769 — 1821)——法国皇帝(1804—1814和1815)。——6、19、26、109。

拿破仑第三(路易-拿破仑·波拿巴)(Napoléon III〔Louis-Napoléon Bonaparte〕1808 — 1873)——法兰西第二共和国总统(1848 — 1851),法国皇帝(1852—1870),拿破仑第一的侄子。——115。

P

帕拉茨基,弗兰蒂舍克(Palacký, František 1798 — 1876)——捷克历史学家和政治活动家,自由主义者;1848年6月为布拉格斯拉夫人代表大会主席;实行旨在维护哈布斯堡专制统治的政策,奥地利斯拉夫主义思想家。——52。

炮弹国王——见斐迪南多二世,斐迪南二世。

佩尔采尔,莫尔(Perczel, Mór 1811—1899)——匈牙利政治活动家和将军,匈牙利1848—1849年革命的参加者;革命失败后流亡土耳其,1851年流亡英国。——67、71、74。

S

桑乔·潘萨(Sancho Pansa)——塞万提斯的小说《唐·吉诃德》中的人物,

唐·吉诃德的侍从。——77。

尚加尔涅,尼古拉·安娜·泰奥杜尔(Changarnier, Nicolas-Anne-Théodule 1793—1877)——法国将军和政治活动家,保皇派;第二共和国时期是制宪议会和立法议会议员(1848—1849),曾参加镇压1848年巴黎六月起义;后为巴黎卫戍部队和国民自卫军司令,曾参加驱散巴黎1849年六月十三日示威游行,1851年十二月二日政变后被逮捕并被驱逐出法国,1859年回到法国;普法战争时期在莱茵军团司令部任职,1871年国民议会议员。——52。

圣西门,昂利(Saint-Simon, Henri 1760—1825)——法国空想社会主义者。——14、21。

施蒂韦,约翰·卡尔·贝尔特拉姆(Stüve, Johann Karl Bertram 1798—1872)——德国政治活动家,自由主义者,曾任汉诺威内务大臣(1848—1850)。——14。

施塔迪昂伯爵,弗兰茨·泽拉夫(Stadion, Franz Seraph Graf 1806—1853)——奥地利政治活动家,1846年起为加利西亚总督,镇压加利西亚和捷克民族解放运动的策划者之一,1848年为奥地利帝国国会议员,曾任内务大臣(1848—1849)。——77。

施瓦策,恩斯特·冯(Schwarzer, Ernst von 1808—1860)——奥地利新闻工作者和政治活动家,自由主义者;1848年为《奥地利总汇报》的创办人和编辑;奥地利帝国国会议员,曾任公共工程大臣(1848年7—9月)。——67。

施瓦尔岑堡公爵,费利克斯·路德维希·约翰·弗里德里希(Schwarzenberg, Felix Ludwig Johann Friedrich Fürst zu 1800—1852)——奥地利国务活动家和外交家;1848年维也纳十月起义被镇压后任首相兼外交大臣(1848年11月—1852年)。——38。

所罗门(Solomon)——古犹太王;在中世纪的文学中以英明公正的君主著称。——52。

T

唐·吉诃德(Don Quijote)——塞万提斯的同名小说中的主要人物。——

17、77。

W

威廉一世(Wilhelm I 1781—1864)——符腾堡国王(1816—1864)。——101。

韦尔克尔,卡尔·泰奥多尔(Welcker, Karl Theodor 1790—1869)——德国法学家、政治活动家和自由派政论家;1831年起为巴登第二议院温和的自由主义反对派的领袖;1848年为巴登联邦议会全权代表,1848—1849年是预备议会和法兰克福国民议会议员,属于中间派右翼。——14、23、77。

文迪施格雷茨公爵,阿尔弗勒德·坎迪杜斯·斐迪南(Windischgrätz, Alfred Candidus Ferdinand Fürst zu 1787—1862)——奥地利陆军元帅;1848年镇压布拉格六月起义和维也纳十月起义;1849年率领奥地利军队镇压匈牙利革命。——56、65、68、71、77。

沃尔弗,弗里德里希·威廉(Wolff, Friedrich Wilhelm 鲁普斯 Lupus 1809—1864)——德国无产阶级革命家和政论家,职业是教员,西里西亚农民的儿子,1834—1839年被关在普鲁士监狱;1846—1847年为布鲁塞尔共产主义通讯委员会委员,共产主义者同盟创始人之一和同盟中央委员会委员(1848年3月起),《新莱茵报》编辑(1848—1849),民主主义者莱茵区域委员会和科隆安全委员会委员;法兰克福国民议会议员,属于极左派;1849年流亡瑞士,1851年迁居英国,1853年起在曼彻斯特当教员;马克思和恩格斯的朋友和战友。——104、111—112。

Y

亚历山大一世(Александр I 1777—1825)——俄国皇帝(1801—1825)。——52。

耶拉契奇,约西普,布日姆伯爵(Jellačić, Josip, Graf von Bužim 1801—1859)——奥地利将军,克罗地亚、达尔马提亚和斯拉沃尼亚省总督(1848—1859),积极参加镇压奥地利和匈牙利的1848—1849年革命。——65、67、68、71、73、74。

约尔丹,西尔韦斯特尔(Jordan, Sylvester 1792—1861)——德国法学家和政治活动家,30年代黑森选帝侯国立宪民主运动的领袖;1848—1849年是法兰克福国民议会议员。——14。

约翰(Johann 1782—1859)——奥地利大公,元帅,曾参加反对拿破仑法国的战争,1809年为奥地利军队指挥官,1848年6月—1849年12月为德意志帝国摄政王。——46、62、100、111。

约瑟夫二世(Joseph II 1741—1790)——奥地利女大公玛丽-泰莉莎的共同执政者(1765—1780),奥地利君主国执政(1780—1790),德意志神圣罗马帝国皇帝(1765—1790)。——31、32。

责任编辑：曹　歌

装帧设计：汪　莹

版式设计：周方亚

责任校对：吕　勇

图书在版编目（CIP）数据

德国的革命和反革命/恩格斯著;中共中央马克思恩格斯列宁斯大林著作编译局
　编译. —北京:人民出版社,2016.12
（马列主义经典作家文库）
ISBN 978‐7‐01‐016849‐4

Ⅰ.①德…　Ⅱ.①恩…　②中…　Ⅲ.①马列著作‐马克思主义
　Ⅳ.①K516.41

中国版本图书馆 CIP 数据核字（2016）第 248405 号

书　　　名	**德国的革命和反革命**
	DEGUO DE GEMING HE FANGEMING
编 译 者	中共中央马克思恩格斯列宁斯大林著作编译局
出版发行	人民出版社
	（北京市东城区隆福寺街 99 号　邮编 100706）
邮购电话	（010）65250042　65289539
经　　销	新华书店
印　　刷	北京新华印刷有限公司
版　　次	2016 年 12 月第 1 版　2016 年 12 月北京第 1 次印刷
开　　本	635 毫米×927 毫米 1/16
印　　张	10.25
插　　页	2
字　　数	125 千字
印　　数	00,001－10,000 册
书　　号	ISBN 978－7－01－016849－4
定　　价	26.00 元